Lesehefte für den Literaturunterricht

In neuer Folge herausgegeben von
Rainer Siegle und Jürgen Wolff

Abenteuer-geschichten

mit Materialien
zusammengestellt von
Rainer Siegle

Ernst Klett Verlag
Stuttgart München Düsseldorf Leipzig

Der Lehrerkommentar hierzu ist in Klettbuch-Nummer 261374 enthalten.

Gedruckt auf Papier aus chlorfrei gebleichtem Zellstoff, säurefrei.

2. Auflage 2 14 13 12 11 | 2000 99 98 97

Alle Drucke dieser Auflage können im Unterricht nebeneinander benutzt werden, sie sind untereinander unverändert. Die letzte Zahl bezeichnet das Jahr dieses Druckes.

Dieses Werk folgt der reformierten Rechtschreibung und Zeichensetzung.
Umschlag: Manfred Muraro, Stuttgart.
Gesamtherstellung: W. Röck, Weinsberg.
ISBN 3-12-261640-8

Inhalt

Einleitung

Die vorliegende Sammlung „Abenteuergeschichten“ sucht das Abenteuer im Alltäglichen wie im Besonderen. Sie knüpft bewusst nicht an die gängigen Beispiele der antiken Sagen, der mittelalterlichen Heldenepen oder an die Entdeckungszüge des 16. und 17. Jahrhunderts an. Absicht der Sammlung ist es vielmehr, sich in der Auseinandersetzung mit der Kategorie Abenteuer selbst ein Bild vom Abenteuer zu machen, nicht nur dem fremden, auch dem eigenen. Daneben steht die Ermunterung, sich durch die Jugendbuchauszüge auf das Leseabenteuer des vollständigen Jugendbuchs einzulassen.

Versucht man die Kategorie Abenteuer präzise zu bestimmen, dann wird es meist abenteuerlich. Worin besteht eigentlich der kleinste gemeinsame Nenner dessen, was da meist Abenteuer heißt? Was sind die Eigenschaften der vermeintlichen Abenteurer? Lasst sie in euren Köpfen durch Wort und Bild lebendig werden, bevor die folgenden Texte neue Bilder in euren Köpfen festsetzen. Lasst euch anregen durch das Allerlei des Abenteuerlichen:

„Buchen Sie in diesem Jahr Ihren Abenteuer-Urlaub auf den Kanarischen Inseln. Flug inclusive Übernachtung und Halbpension 14 Tage schon ab 1950,- DM“ - „Marlboro sucht das Abenteuer-Team 1997“ - Verlockungen wie diese verfolgen uns fast täglich im Reklamewald. Das Fernsehen berichtet von einem sowjetischen Raumfahrtabenteuer „252 Tage in der Schwerelosigkeit der Raumstation Sojus“, und das Gemeindeblatt Pfronstetten verkündet stolz den Plan vom Bau eines „Abenteuer-Spielplatzes“. In unseren Lesebüchern heißen die Abenteurer Odysseus, Columbus oder Sven Hedin, und unsere großen Abenteuer-Träume verbinden sich mit Namen wie Jack London, Walter Scott, Mark Twain oder Karl May. Neben der „Fünf-Freunde Serie“ von Enid Blyton stehen in unserem Bücherregal Bände aus der „Abenteuer-Serie“, zu den schönsten modernen Abenteuergeschichten, sagt unser Lehrer, gehört „Die rote Zora und ihre Bande“.

I Abenteuer heute?

Hans Manz: Über die Grenzen

Die Frau erwachte, drehte sich auf die Seite und hatte das Bild vor Augen. Es hing genau so hoch an der Wand, dass sie den Kopf bequem im Kissen liegen lassen konnte. Eine schlanke, sehr hohe Palme bog sich auf dem Bild. Sie lud ihre Blätter in den blauesten aller blauen Himmel aus. Der Schatten der Palme fiel auf feinen, hellen Sand, und sanfte Wellen, weiße Schaumkrönchen leckten sich bis zum Stamm hoch. Nicht weit vom Ufer entfernt zogen zwei Männer mit nackten, glänzenden, schwarzen Armen ein Netz ins Boot. Und das Meer war tatsächlich noch blauer als der Himmel.

Die Frau seufzte und drehte sich auf den Rücken. Jetzt traf ihr Blick den Koffer auf dem Kleiderschrank. Der Koffer lag ganz vorn an der Schrankkante, die Schlösser waren offen, der Deckel nur lose aufgelegt. Ein zum Packen bereiter Koffer.

Die Frau erhob sich, schob den Fenstervorhang weg. Scheußlich! Es war noch düster draußen. Ein eintöniger Fadenregen ging nieder. Vielleicht hörte der überhaupt nie mehr auf. Und im Haus war es zu still für diesen trostlosen Morgen. Nachmittags würde sie zwar wie üblich an der Kasse des Kaufhauses stehen, nur hatte sie heute auch keine Lust in die vergrämten Novembergesichter der Leute zu blicken.

Die Frau ging zum Kleiderschrank, schob den Kleidervorhang an der Stange nach links: In der Ecke lag die rote Tasche. Sie barg alle Ausweise, die es brauchte, um über die Grenzen zu kommen. Die Frau fuhr mit der Hand unter einen Blusenstapel, umschloss ein Kästchen. Sie brauchte es nicht zu öffnen, sie wusste schließlich, dass darin unter alten Einkaufsquittungen und Lieferscheinen das Geld verborgen lag, viel Geld. Die Frau hielt das Kästchen, weil es ihr ein Gefühl der Befreiung gab. „Du kannst weggehen, wann immer du willst“, sagte sie. Sie sagte es kichernd. „Du kannst abhauen, wann immer du willst und wohin immer du willst. Und wenn du keine Lust hast dich unter die Palme zu legen, kannst du auch in ein Gebirge verreisen oder zu den Eskimos. Für kurze Zeit, für längere Dauer, für immer - wer weiß!“

Die Frau wusch sich im Badezimmer. Das Kämmen ließ sie bleiben. Es ekelte sie plötzlich. Im Waschbecken klebte Zahnpasta, der Mann hatte in der allmorgendlichen Hast das Frottiertuch über den Heizkörper geworfen und der Anblick seiner Bürste war abscheulich. Sie lag neben den Zahnbechern, war über und über in schuppengesprenkelte Haare eingewickelt, sodass man die Borsten nicht mehr sah. „Nein!“, sagte die Frau. Sie schrie es beinahe. „Diese Bürste wasch ich nicht! Ich lass mir nicht immer alles anhängen!" Sie floh in die Küche, wollte wenigstens den Kaffee in Ruhe genießen. Sie stolperte aber zuvor über die Pantoffeln des Sohnes, er hatte sie einfach liegen lassen. Und auf dem frischen Tischtuch hatte er einen großen Milchfleck hinterlassen. Widerlich! „Jetzt oder nie!“, sagte die Frau. Sie sagte es rücksichtslos und entschlossen. Sie lief in ihr Zimmer, kämmte sich dort, zog sich reisefertig an, packte den Koffer, zog das Geld unter den Blusen hervor, steckte es zu den Ausweisen in die Tasche und trug alles nach unten.

Die Frau zögerte jetzt nur noch, weil sie sich nicht entscheiden konnte, wie sie eine letzte Nachricht hinterlassen sollte. Sie hätte einen offenen Papierbogen unter dem Milchkrug festklemmen können. Ach was! In einen Umschlag wollte sie ihn stecken, den genüsslich zukleben. Mit zittrigen Händen würde ihn der Mann öffnen, von Satz zu Satz blasser werden, sich mit der Hand verstört durchs

Haar fahren, sich auf einen Stuhl fallen lassen und ins Leere starren!

Die Frau suchte das Schreibzeug. Es war in einem Fach des Schreibtisches untergebracht. Aber, wo zum Teufel, steckten die Briefbogen! Etiketten verdeckten Umschläge und Postleitzahlregister, Markenbogen hatten sich zwischen Löschblätter und Luftpostpapier geschoben. Die Frau, in Eile und Zorn, kehrte kurzerhand das Fach um. Da kamen die Briefbogen zum Vorschein. Aber sie konnte doch nicht die ganze Bescherung liegen lassen, wenn sie schon ihren Männern Unordentlichkeit vorwarf! Folglich begann sie das Schreibzeug zu ordnen, legte Trauerkarten zu Trauerkarten, Glückwunschkarten zu Glückwunschkarten, Schreibbogen zu Schreibbogen. Ein letzter Liebesdienst. Und als sie alles sortiert hatte, war der halbe Schreibzimmerboden bedeckt. Und wenn sie die Arbeit nicht umsonst gemacht haben wollte, mussten die Karten und Bogen mit Gummibändchen zusammengefasst werden, sonst fielen sie gleich wieder durcheinander.

Die Frau ging hinaus in den Korridor. In der untersten Schublade des Sekretärs bewahrte sie die Bändchen auf. Zuerst fiel ihr aber nur ein wirrer Schnurknäuel in die Hände, in den sich die Gummibändchen verheddert hatten. Und wenn sie an einem Gummi zog, kamen ihr Fäden entgegen. Glaubte sie endlich den letzten Faden befreit zu haben, zog er ein Schuhriemchen hinter sich her. Es blieb der Frau gar nichts anderes übrig, als das ganze Kuddelmuddel zu entknoten und zu entwirren. Sie legte Packschnüre zu Packschnüren, Geschenkbändchen zu Geschenkbändchen, rollte sie auf, verschlaufte sie. Und als sie an ein Ende kam, war der ganze Korridorboden ausgelegt. Ordnung würde es aber nur geben, wenn sie die Röllchen und Schlaufen in Tütchen verpackte und voneinander trennte. Sie ging in die Küche und holte hinter der Glasschiebetür des Küchenbüffets den Schuhkarton hervor, in den sie Verpackungsmaterial abgelegt hatte. Aber zuoberst lag Wellkarton, darunter machten sich Wegwerftaschen breit. Die Frau musste den bitteren Weg des Aufräumens zu Ende gehen (musste sie das?), legte Papiertüten zu Papiertüten, Plastikbeutel zu Plastikbeuteln, bis der Küchenboden davon ausgelegt war.

Und in diesem Augenblick wurde draußen und drunten eine Autotür zugeschlagen. Der Mann, von dem sie ohne Abschied hatte davonlaufen wollen, stapfte bereits die Treppe hoch. Und warum kam er eine halbe Stunde zu früh?

Der Frau blieb gerade noch Zeit genug den Koffer auf den Schlafzimmerschrank zu stemmen, die Tasche hinter den Kleidervorhang zu werfen. Dann stand der Mann unter der Tür, stieg über die Auslegeordnung im Korridor, stelzte über jene in der Küche. „So ist er!“, dachte die Frau, „er beachtet meinen alltäglichen Kleinkram nicht einmal und das Mittagessen wird er auch erwarten. Der kann mir blasen!" Aber der Mann stellte zwei Gläser auf den Tisch und eine Weinflasche, erwartete offenbar, dass sich die Frau zu ihm setze. „Weißt du“, sagte er und wurde ein wenig rot, „als ich heute zur Arbeit gefahren bin, in dieser scheußlichen, feuchten Finsternis, überfiel mich plötzlich eine ungeheuerliche Lust einfach am Geschäft vorbeizufahren. Ich ertrug die Vorstellung nicht mehr, die Schuhe am immer gleichen Schuhabwischer abzustreifen, an denselben Leuten vorbeizugehen wie gestern und vorgestern, den sich ewig wiederholenden, unbedeutenden Kleinkram im Magazin zu erledigen. Und weil ich diese Lust schon mehr als einmal verspürte, habe ich mir angewöhnt immer den Pass bei mir zu tragen, drückte vor dem Geschäft tatsächlich das Gaspedal durch, fuhr weiter, weiter, weiter, egal wohin. Ich fuhr, bis ich Benzin tanken musste, bat den Tankstellenwart auch das Öl zu kontrollieren. Er sagte, es wäre ein Ölwechsel unbedingt notwendig, wenn ich noch weit fahren wolle. Außerdem knattere der Auspufftopf, er habe Löcher und müsse ersetzt werden. Und da kam mir zu allem Unglück auch noch in den Sinn, dass ich die Versicherungskarte nicht bei mir hatte, die man braucht, um über die Grenze zu kommen. Ich kehrte um, wollte sie holen. Deshalb bin ich zu früh da. Aber im Treppenhaus überkam mich das Bedürfnis dir alles zu erzählen, obschon ich doch auch dich im Stich gelassen hätte. Und du hast es nicht besser als ich. - Bist du jetzt traurig?"

Die Frau lächelte, nahm den Mann an der Hand, führte ihn ins Schlafzimmer, zeigte ihm den gepackten Koffer, ließ ihn in die rote Tasche gucken. Seltsam - zwei, die sich gegenseitig hatten davonlaufen wollen, umarmten sich liebevoll, ja stürmisch. Wahrscheinlich hätten sie sich noch lange geküsst, wenn nicht die Korridortüre geächzt hätte. Der Sohn war heimgekommen. Er schien eine Last zu tragen. Seine Augen waren auf der Hut, den scharfen Blicken der Eltern nichts preiszugeben. Aber als er ihnen gegenüber stand, empfand er sie so ganz anders als sonst, offen und vertrauenerweckend, sodass er den Mut fand zu beichten. „Ihr . . . ihr müsst mir eine Entschuldigung schreiben", sagte er und schluckte. Ich weiß nicht, warum das über mich gekommen ist. Aber als ich im Tram stand und in den dunklen, nassen Morgen hinaussah, die Leute stumm und unnahbar um mich herumsaßen, kam mir alles so trostlos vor. Ich dachte daran, wie ich über den immer gleichen Schulhof gehen, mich in die immer gleiche Bank setzen würde. Buch unter der Bank hervor, Buch unter die Bank legen, Arm hoch, Antwort, Arm hinunter! Und links und rechts immer die gleichen Albernheiten und Witzchen, die lustlosen Gesichter der Lehrer. Also: ich bin an der Schulhaltestelle in der Straßenbahn geblieben. Ich blieb bis zur Endstation sitzen, stieg erst jetzt aus. Ich wusste zwar nicht, wohin ich eigentlich gehen wollte. Aber weil die Endschleife der Straßenbahnstation neben einem

Bahnhof liegt, bin ich unter dem Bahnhofdach herumgestreunt und habe zugesehen, wie Züge abgefertigt oder verschoben wurden. Und erst als ich Hunger hatte und der Schulmorgen vorbei war, bin ich heimgefahren." Da brachen die Frau und der Mann in ein schallendes Gelächter aus. Der Vater sagte: „Das kann jedem passieren." - „Auch uns", fügte die Mutter hinzu. Und der Vater schlug vor: „Jetzt setzen wir uns in den Wagen und fahren, fahren, bis es uns dreien irgendwo gefällt. Dort steigen wir aus und essen zusammen. Vielleicht ist die Lust abzuhauen dann wieder gestillt."

„Wenigstens bis zum nächsten Mal", sagte die Mutter.

Horst Heidtmann: Vorwort zu „Sindbads neue Abenteuer“

Ich führte in Bagdad ein herrliches Leben. Eines Tages plagte mich jedoch die Langeweile und es kam mir in den Sinn, wieder über das Meer zu fahren. Mein Herz war unruhig und spornte mich an, Handel zu treiben, Schätze zu erwerben, fremde Länder und ferne Inseln kennen zu lernen. Nachdem mein Entschluss feststand, nahm ich eine große Summe Geldes und kaufte Waren und alles, was ich für die Reise benötigte. Dann ließ ich das Gepäck verschnüren und ging zum Fluss hinunter. Dort wartete ein schönes neues Schiff. Es hatte Segel aus starker Leinwand, war gut ausgerüstet und mit einer tüchtigen Mannschaft besetzt.

So beginnt eines der alten Abenteuer Sindbads, des Reisenden, des Seefahrers, des Glückssuchers. Der Sindbad des Märchens ist ein reicher Kaufmann, dem die unglaublichsten Abenteuer begegnen, die je einem Kaufmann zugestoßen sind. Auf fast jeder seiner Reisen erleidet er einen Schiffbruch, gerät in Bedrängnis. Doch selbst Vögel, die so groß sind, dass sie ihre Jungen mit Elefanten füttern, schrecken ihn nicht. Er entkommt jeder Gefahr, kehrt stets mit „unermesslich reichen Gütern aus fremden Ländern“ beladen zurück, reicher als zuvor.

Heute ist Sindbad nicht mehr der reiche Kaufmann, den die Langeweile plagt, den Neugier in die Ferne treibt. Aber auch heute zieht er hinaus, in der Fremde sein Glück zu finden, Reichtümer zu erwerben. Doch sind dies Güter, die er zu Hause nicht erlangen kann, weil es in seiner Heimat keine Arbeitsplätze, keine Fabriken gibt, weil in seiner Heimat der Boden unfruchtbar und vor Hitze verdorrt ist, weil er nichts zu essen findet.

Immer noch erleidet Sindbad Schiffbruch in der Fremde, gerät in Gefahr, erlebt die unglaublichsten Abenteuer. Heute bedrohen ihn nicht mehr Zauberer und Ungeheuer in Felsenhöhlen, sondern Beamte und Angestellte auf den Behörden. Heute muss Sindbad nicht mehr Räuber und Wegelagerer fürchten, sondern Wohnungsvermieter und Geldverleiher. Heute braucht Sindbad keine Angst zu haben, dass ihn klauenbewehrte Monster zerreißen, nein, heute zerreißt er sich selbst, steht zwischen zwei Kulturen, zwischen dem Leben in der Fremde und der Sehnsucht nach der alten Heimat. Mehr denn je ist sein Leben als Fremder gefährdet, durch Vorurteile, durch Hass, durch tätliche Angriffe.

Sicher gab es auch schon früher die Angst vor den Fremden und dem Fremden, gab es eine Angst, die krankhaft, die zur Xenophobie werden konnte. Doch erst heute sind ‚Asylant‘ oder ‚Fremder‘ Schimpfworte. Der alte Sindbad fand auf seinen Reisen in der Fremde noch Gastfreundschaft, trieb mit ausländischen Kaufleuten Handel und Austausch zu gegenseitigem Nutzen. Der neue Sindbad wird in der Fremde als ‚Kanaker' ausgebeutet. Dabei könnten auch wir heute noch von ihm, von den Fremden lernen.

Sindbads alte Abenteuer sind vor dem historischen Hintergrund des 8. Jahrhunderts angesiedelt, zu einer Zeit, als Bagdad der Mittelpunkt der arabischen Welt war. Von hier aus hatten die arabischen Kaufleute ihren Fernhandel bis nach Afrika, Indien, Indonesien und China ausgedehnt. Sindbad selbst war zunächst der Held einer Sammlung von arabischen Seefahrergeschichten, in denen ältere, klassische arabische Märchenstoffe verarbeitet wurden. Sindbads Abenteuer erschienen als eigenes Buch und wurden erst später in die *Märchen aus Tausendundeiner Nacht* eingefügt. Und wie im Nahen Osten so gab es auch in Vorderasien, Ostasien oder in Südamerika, in Süd- und Südosteuropa Hochkulturen, weit früher als in Deutschland, zu einer Zeit, als manche unserer Vorfahren noch als Barbaren auf dem Bärenfell lagen. Vieles aus fremden Kulturen haben wir übernommen, doch manches ist in Vergessenheit geraten und kann noch von uns entdeckt werden.

Denn Sindbad ist nicht nur der Reisende, der Glückssucher, der Abenteurer. So gibt es in der arabischen Dichtung noch einen zweiten Sindbad, den Helden einer Reihe von Geschichten, die im 7. oder 8. Jahrhundert in Persien entstanden sind. In diesen Erzählungen von Sindbad und den sieben Weisen oder Wesiren ist Sindbad der weiseste der Meister, ein Gelehrter, der für Gerechtigkeit und Menschlichkeit eintritt.

Dies ist die andere Seite der neuen Abenteuer Sindbads, der mit List und Weisheit in der Fremde überlebt. Er zeigt uns, wie wir menschlicher miteinander umgehen können, dass wir mehr Zeit füreinander und unser Leben haben sollten.

Barbara Frischmuth: Pembes Geschichte

Ich war noch klein und hatte ein Tuch um den Kopf gebunden, das ich nur zum Schlafengehen abnahm. Mein Vater fuhr mit den Ochsen aufs Feld hinaus. Ich kann das Knirschen der Wagenräder noch immer hören, weißt du, keine Räder mit Speichen, sondern dicke Holzräder. Und ich sehe auch die zwei Wasserbüffel unterm Joch und meinen Vater darüber sitzen, mit einer Schirmkappe auf dem Kopf. Meine Mutter arbeitete mit den anderen Frauen zusammen, und wenn jemand Fremdes kam, deckte sie ihren Mund mit dem Ende des Kopftuches zu.

Bevor ich auf die Welt gekommen bin, hatten meine Eltern schon zwei Kinder gehabt, aber die sind gestorben. Wir waren sehr arm, weil es in der Familie meines Vaters viele Söhne gab und jeder nur ein paar Felder bekommen hatte. Mein Vater war der jüngste Sohn, also musste er sich aufmachen und Arbeit suchen.

Zuerst ging er in die nächste Kreisstadt, dann nach Ankara und später sogar nach Istanbul. Wir hörten lange nichts von ihm. Erst als Erol und Oktay geboren waren, kam ein Brief von meinem Vater. Er kam weder aus Ankara noch aus Istanbul, sondern schon von hier.

Meine Mutter ging zu ihrem ältesten Schwager, der, wie alle anderen Schwager und mein Vater auch, beim Militär lesen und schreiben gelernt hatte, und bat ihn, ihr den Brief meines Vaters vorzulesen. Ich bin mitgegangen und habe mich still neben die Tür gesetzt.

Liebe Frau, hatte mein Vater geschrieben, ich habe Arbeit gefunden und das ist sehr gut. Es sind schon viele Landsleute in dieser Stadt, die mir helfen können. Ich habe lange nichts von euch gehört, aber die Schuld ist bei mir. Ihr habt nicht gewusst, wo ich hingegangen bin. Hat Allah geruht, mir einen Sohn zu schenken? Wenn es ein Sohn ist, möchte ich, dass er Erol heißt. Ich werde euch nachkommen lassen, sobald ich genügend Geld gespart habe. Ein Mann braucht seine Frau. Hier sind die Frauen allesamt schamlos.Ich küsse eure Stirn.

Als mein Onkel zu der Stelle gekommen war, wo mein Vater schrieb, dass er uns nachkommen lassen wollte, fing ich zu zittern an. So als wäre die Sonne für einen Moment stehen geblieben und hätte sich verwundert zu dem Brief heruntergebeugt. Und ich selbst würde einen feurigen Wagen besteigen und mit ihm übers Meer fahren, zumindest über sehr viel Wasser, denn das Meer hatte ich damals noch nicht gesehen. Als ich aufschaute, merkte ich, dass meine Mutter schluckte. Mein Onkel sagte immer wieder, freu dich, Hayriye, freu dich! Dazwischen rief er nach seiner Frau und seinen Töchtern, damit sie meine Mutter umarmen sollten. Auch sie riefen, freu dich, so freu dich doch, meine Liebe. Und meine Mutter sagte immer wieder, wenn sie nicht gerade laut schluchzte, ich freu mich ja. Und als sie trotzdem weiter weinte, sagten die Frauen zueinander, sie weint nur aus Freude, sie weint nur aus Freude.

Mich hatten sie gar nicht bemerkt, wie ich so neben der Tür saß und immer wieder den feurigen Wagen bestieg, der mich, meine Mutter und die Zwillinge nach Avrupa bringen sollte. Mein Vater, den ich schon monatelang nicht mehr gesehen hatte, kam mir wie ein wundertätiger Derwisch vor, der nur mit den langen Ärmeln seines Kaftans zu winken brauchte, um uns im Flug zu sich zu holen.

Ich kannte einige Frauen, deren Männer in Avrupa - so sagt man bei uns - arbeiteten, die aber ihre Familien nicht hatten nachkommen lassen. Angeblich weil sie bald wiederkommen wollten und ohne Familie mehr Geld verdienen würden. Aber nach all dem, was über die Frauen in Avrupa bis ins Dorf durchgesickert war, wussten alle, was dahinter war.

Dann ging das Warten erst los. Die Monate zogen sich und ich erinnere mich, wie die Frauen sich während der

Arbeit mit meiner Mutter darüber unterhielten, wie es sein würde in Avrupa. Einige von ihnen waren auch neidisch und sagten, es sei schrecklich in Avrupa und für Rechtgläubige sei das alles ayĭp, das heißt voller Schande.

Und das Essen, sagte eine Frau namens Fatma. Du kannst dir gar nicht vorstellen, was die dort essen. Abgesehen von dem schmutzigsten aller Tiere, dem Schwein. Davon will ich gar nicht anfangen. Aber einige essen sogar Schnecken und andere Frösche. Und erst der Alkohol. Sogar die Frauen trinken, und nicht nur das, sie nehmen selbst zum Kochen Alkohol. Sodass ein Gast, auch wenn er keinen Tropfen in einem Glas anrührt, ganz betrunken ist, allein von dem Alkohol, den die Hausfrau ins Essen getan hat. Und wenn er dann betrunken ist, macht die Hausfrau mit ihm, was sie will.

Meine Mutter senkte, wenn sie so was hörte, nur den Kopf und sagte, lasst mich nur bei meinem Mann sein, dann kann uns nichts mehr geschehen. Und wenn Fatma wieder vom Essen anfing, sagte sie, natürlich werde ich nie einen Bissen Fleisch von diesem unreinen Tier anrühren, von dem du sagst, dass die Leute in Avrupa es essen, aber bei allem anderen werde ich essen, was mein Mann nach Hause bringt. Und wenn es das mindeste Fleisch ist, denn ich habe schon lange kein Fleisch mehr gegessen.

Erst von dem Augenblick an, als wir wussten, dass wir nach Avrupa gehen würden, ist uns richtig bewusst geworden, wie arm wir waren. Wir fingen an, uns alles anders und besser vorzustellen. Wenn ich zum Fluss hinunterging, der sich in vielen Biegungen durch das sandige Bett schlängelt, und mit den anderen Kindern im Wasser herumtollte – in Kleidern natürlich –, blieb ich immer wieder stehen, schaute an mir hinunter und dachte mir aus, was für Kleider ich in Avrupa tragen würde. Ich kann mich noch gut erinnern, dass ich damals vor allem an ein Kostüm mit Hut gedacht habe, denn eines der Kinder hatte einmal von der nächsten Bahnstation eine Zeitung mitgebracht - die Kinder betteln immer an den Bahnstationen um Zeitungen, die sie dann nach Hause in die Dörfer bringen –, in der eine Frau abgebildet war, die so ein Kostüm mit Hut trug. Oder ich stellte mir vor, dass mein Vater mir ein Brokatkleid machen lassen würde, so wie das, das Fatmas Tochter bei ihrer Hochzeit getragen hat.

Die Zwillinge waren noch zu klein um etwas zu verstehen, aber auch ihnen versuchte ich zu erklären, was für eine glücksgesegnete Familie wir waren und wie gut es uns allen in Avrupa gehen würde. Meine Mutter, die ziemlich geschickt ist, ging jeden Tag zu ihrer Tante, der einzigen Frau im Dorf, die eine Nähmaschine hatte, und bat sie damit üben zu dürfen, damit sie in Avrupa die Kleider für mich und die Zwillinge selber machen könne um noch mehr Geld zu sparen. Dass mein Vater ihr inzwischen geschrieben hatte, er würde versuchen später auch für sie Arbeit zu finden, erzählte sie der Tante nicht. Es hätte nicht in das Bild gepasst, das die Tante sich von Avrupa machte. Nicht dass die Frauen im Dorf nicht arbeiten müßten. Aber da arbeiten sie bloß für den eigenen Mann und die eigenen Kinder. Dass ein Mann wie mein Vater seine Frau zu jemand anderem zur Arbeit schicken wollte, hätte sie nie verstehen können.

Es war mehr als ein Jahr vergangen seit dem Brief, in dem mein Vater das erste Mal geschrieben hatte, er würde uns nachkommen lassen und noch immer wussten wir nichts Genaues. Die Zwillinge liefen schon und hatten bereits zu sprechen begonnen, als eines Tages eine riesige Staubwolke die holprige Straße zu unserem Dorf daherkam. Unser Haus stand so ziemlich am Dorfeingang, sodass ich auf die Straße hinausschauen konnte, die zum Dorf führt.

Meine Mutter arbeitete auf den Feldern draußen und ich passte auf die Zwillinge auf. Mit einem Mal war aus der

Staubwolke ein Auto geworden, das geradewegs auf unser Haus zukam. Ich war sehr aufgeregt und suchte die Zwillinge, die im Hof herumkrabbelten und spielten. Ich holte sie und stellte mich mit ihnen in die Tür um zu sehen, wo das Auto hinfahren würde.

Ich habe meinen Vater gar nicht gleich erkannt. Der Herr im hellblauen Anzug, der aus dem roten Auto stieg, war mir so fremd, dass ich erst merkte, dass es mein Vater war, als er mich anredete.

Meine Tochter, sagte er und zeigte auf die Zwillinge, sind das meine Söhne? Ja, Vater, sagte ich. Dann kam er auf uns zu, ich küsste ihm die Hand, er küsste mich auf die Stirn und da hatten die Zwillinge schon zu brüllen begonnen. Erol versuchte davonzulaufen und Oktay versteckte den Kopf in meinem Kleid.

Ich sagte nur immer, freut euch, es ist euer Vater. Euer Vater ist gekommen. Und als die Zwillinge sich wieder beruhigt hatten, musste ich meinem Vater erklären, woran er sie auseinanderhalten konnte. Er nahm sie beide hoch, da lachten sie schon wieder. Dann trug er sie in sein Auto und deutete mir, mich hinter die Zwillinge zu setzen. So fuhren wir holpernd hinaus aufs Feld, wo die Frauen arbeiteten. Als wir näher kamen, drehten sie sich alle weg und bedeckten das Gesicht.

Mein Vater stieg aus und rief, Hayriye, Frau, ich bin gekommen um dich zu holen.

Auch meine Mutter stand mit dem Rücken zu ihm, aber sie musste ihn an der Stimme erkannt haben, denn sie stieß einen Schrei aus und drehte sich um, als hätte ein Gespenst sie erschreckt. Dann eilte sie auf meinen Vater zu und küsste ihm die Hand. Sei willkommen, sagte sie und ihre Stimme zitterte.

Mein Vater antwortete dem Brauch gemäß, ich bin gern gekommen. Dann sagte er, sie solle sich ins Auto setzen, aber sie traute sich nicht gleich. Sie war nur ein paar Mal mit einem Bus in der Kreisstadt gewesen, aber noch nie mit einem Personenauto gefahren.

Komm nur, komm, redete mein Vater ihr zu, es ist meines. Dann stieg sie ein und wir fuhren zurück nach Hause. Mein Vater holte die Koffer aus dem Auto und zeigte, was er uns und den Verwandten alles mitgebracht hatte. Mir drückte er eine große Puppe mit gelockten Haaren und einem weiten Rock aus Nylonspitze in die Hand, und ich weinte vor Freude, weil ich mir eine solche Puppe nicht einmal hätte wünschen können, denn ich hatte gar nicht gewusst, dass es so was gab. Meine Mutter hatte kaum Zeit die Kleider anzuschauen, die mein Vater mitgebracht hatte. Sie stellte Wasser auf, denn mein Vater hatte gesagt, er wolle baden nach der langen Reise und meine Mutter solle auch baden. Ich wusste noch von früher, was das bedeutete, und nahm die Zwillinge zum Spielen mit in den Hof hinaus, obwohl das nicht viel half, denn das Haus war klein und man konnte alle Geräusche hören. Als es dann Abend wurde und die anderen Leute von den Feldern zurückkamen, gingen mein Vater und meine Mutter wieder im Haus umher. Mir fiel auf, dass mein Vater uns immer öfter ansah, so als vergleiche er uns mit irgendetwas. Und hin und wieder sagte er zu meiner Mutter, wisch den Zwillingen den Mund ab. Oder, schon wieder sitzt eine Fliege in seinem Augenwinkel, du musst sie besser sauber halten. Auch zu mir sagte er, Tochter, du sollst mehr auf deine Kleider Acht geben.

Dann aber machten wir uns alle auf den Weg, zusammen mit den Geschenken, die mein Vater mitgebracht hatte. Wir gingen zu seinem ältesten Bruder, dessen Frau ebenfalls früher vom Feld nach Hause gekommen war um meinen Vater und uns bewirten zu können, wenn wir mit den Geschenken eintrafen.

Als wir gegessen hatten, kamen auch noch die anderen Brüder mit ihren Frauen und ich hatte schon Angst, mein

Vater könnte auf irgendjemanden vergessen haben. Aber wie ein Zauberer zog er immer noch etwas aus irgendeiner seiner Taschen hervor und gab es einem seiner Verwandten.

Irgendwann waren die Zwillinge eingeschlafen und ich bat eine meiner Cousinen mir zu helfen, sie nach Hause zu tragen. Es war schon sehr spät, und als ich mich zu den Zwillingen auf den Boden legte – wir hatten Matratzen als Betten, die wir tagsüber einrollten-, konnte ich vor Freude und Bewunderung für meinen Vater nicht einschlafen.

Es ging nun einige Tage so, dass mein Vater und meine Mutter von Haus zu Haus eingeladen waren um Wiedersehen und Abschied zugleich zu feiern, denn mein Vater hatte nicht lange Urlaub.

[. . .]

Bevor wir abfuhren, mussten wir die Sachen anziehen, die mein Vater mitgebracht hatte. Er sagte, wir sollten alles, was wir bisher getragen hatten, verschenken. In Avrupa könnten wir es ohnehin nicht brauchen, und bis wir zurückkämen, wären die Sachen längst verkommen. Er warf all die Dinge aus dem Koffer, von denen meine Mutter sich nicht hatte trennen können, und schrie sie an, so tu, was ich dir sage. Wenn wir in Avrupa sind, wirst du schon sehen, warum ich gesagt habe, du sollst das Zeug verschenken.

An dem Tag, als wir wirklich abfuhren, standen wir schon vor Sonnenaufgang auf, doch als wir uns nochmals von allen verabschiedet hatten, begann es schon wieder heiß zu werden.

Die Zwillinge schliefen noch und meine Mutter weinte und weinte, sodass mein Vater endlich sagte, hör schon auf. Schlimmer als bei uns im Dorf ist es anderswo auch nicht. Und da bekam ich plötzlich ein Ohr dafür, dass mein Vater Avrupa gar nicht so mochte, wie ich es mir vorgestellt hatte. Er hatte zwar viel von all den Wunderdingen erzählt, aber die Arbeit sei hart und die Menschen unfreundlich, es brauche ihn also niemand zu beneiden. Von da an hatte ich ein wenig Angst, als wir uns so immer weiter und weiter von unserem Dorf entfernten. Und obwohl wir noch lange nicht an der Grenze unseres Landes waren, kam mir die Gegend immer fremder vor, je grüner sie wurde und je dichter die Häuser standen.

Schon nach einer Woche begann ich von unserem Dorf zu träumen, wie es mit seinen paar Bäumen und den braunen Feldern unter einem blauen Himmel in der Steppe lag, die nur von vulkanartigen Bergen begrenzt wurde und sich ansonsten ganz weit ausdehnte.

Selbst die Frau namens Fatma war mir im Traum erschienen und hatte gesagt, gib Acht, sie werden dir Schlangen zu essen geben und nirgends wird trinkbares Wasser sein.

Nach zwei Tagesreisen war das Auto kaputtgegangen. Es hatte die vielen kleinen holprigen Straßen bis zur großen Überlandstraße nicht ausgehalten. Wir mussten in einer kleinen Stadt bleiben und es dauerte Stunden, bis mein Vater überhaupt jemanden gefunden hatte, der das Auto reparieren konnte. Dann stellte sich heraus, dass mein Vater nicht mehr genügend Geld hatte. Dem Mann, der das Auto reparieren wollte, gefiel meine schöne große Puppe und so gab sie ihm mein Vater. Zu mir sagte er, ich würde in Avrupa eine neue Puppe bekommen, eine noch schönere.

Für mich war das die schönste Puppe der Welt gewesen, aber ich durfte nicht einmal darum weinen. Ich wusste ja, warum mein Vater sie weggegeben hatte, und es ist eine Schande um etwas zu weinen, das der ganzen Familie geholfen hat. Ich schaute ständig aus dem Fenster, mit starren Augen, damit nur ja keine Tränen hineinkamen, und als wir dann alle aussteigen mussten, damit der Mann das Auto reparieren konnte, versuchte ich meinen Vater nicht anzuschauen, damit ich nicht wieder daran denken musste. Das Geld, das der Mann verlangt hatte, fehlte uns trotz der Puppe als Zugabe und wir haben gehungert, bis wir hierher kamen. Zum Glück hatte meine Mutter wenigstens viele Melonen mitgenommen.

Wir waren froh, aus dem Auto steigen zu können, dass wir gar nicht merkten, in welche Art von Keller mein Vater uns gebracht hatte. Wir fanden es schön, weil alles weiß getüncht war und Möbel drin standen, wie wir sie zu Hause nicht hatten.

Ich fühlte mich so feierlich, wenn ich auf einem Stuhl saß, und wenn ich in ein Bett stieg, hatte ich anfangs immer Angst herauszufallen. Auch das Klo war mir ungewohnt. Bei uns zu Hause hockt man über einer Öffnung im Boden, wobei sich alles so ergibt, dass man sich kaum mehr anzustrengen braucht. Auf diesem Sitzklo aber fingen wir alle an wie verrückt zu drücken und uns zu plagen.

Aber wir waren da und unsere Begeisterung hatte so lange Zeit gehabt zu wachsen, dass es unmöglich war, sie in kurzer Zeit wieder zum Verschwinden zu bringen. Auch war alles so ganz anders, als wir es uns zu Hause, in unserem Dorf, vorgestellt hatten.

Mein Vater, der wenigstens ein paar Brocken Deutsch konnte, war fast den ganzen Tag auf der Baustelle und so waren wir ganz auf uns angewiesen. Meine Mutter wagte sich die ersten Wochen gar nicht aus dem Haus, außer an den Wochenenden, wenn mein Vater mit ihr ging. Sie saß da und versuchte an den Beinen der Vorübergehenden – es war wirklich eine Art Keller, in dem wir wohnten – die neue Umgebung abzulesen. Zum Einkaufen hat sie mich geschickt. Ich konnte zwar auch noch kein Deutsch, aber ich war ein Kind. Ich würde es schneller lernen, sagte sie und als Kind könne man sich auch auf der Straße zeigen. Kein Mann würde sich noch für mich interessieren.

Abends, wenn mein Vater nach Hause kam, fragte ich ihn nach den Wörtern, die ich zum Einkaufen brauchte, und er brachte mir das Zählen bei. Ich war schon im schulpflichtigen Alter, aber da es so viele Probleme gab, war niemand auf die Idee gekommen mich zur Schule zu schicken.

Ich lernte auch so sehr schnell. Ich schaute immer nur, wie die anderen es machten. Wenn meine Mutter mich um Brot schickte, blieb ich eine Weile im Laden stehen und wartete, bis ich hörte, wie jemand die Sorte Brot verlangte, die auch ich kaufen wollte. Ich versuchte das Wort nachzusprechen, denn ich war zu stolz um nur darauf zu zeigen.

Ich lernte aber auch, dass ich mich verdächtig machte, wenn ich längere Zeit im Geschäft herumstand und darauf wartete, dass jemand die Sache, die ich kaufen wollte, beim Namen nannte. Manchmal glaubten die Leute im Geschäft dann, ich wolle nur auf eine günstige Gelegenheit warten um etwas zu stehlen, und einmal haben sie mich hinausgejagt, ohne dass ich auch nur hätte sagen können, warum ich so lange gewartet hatte. Ich war verzweifelt und vor Scham wollte ich gar nicht mehr nach Hause gehen, aber dann dachte ich, dass weder mein Vater noch meine Mutter es je erfahren würden, wenn ich es ihnen nicht sagte. Meine Mutter war ganz von mir abhängig, was die Straße betraf, und mein Vater arbeitete in einem anderen Bezirk. Dass ich das alles mit einem Mal so klar sehen konnte, machte mich stark und ich spürte, wie sehr ich auf mich gestellt war.

Reinhold Messner: Allein auf dem Mount Everest

Nach meinen, von der Öffentlichkeit als sensationell empfundenen Besteigungen im Jahre 1978 – Mount Everest erstmals ohne Sauerstoffmaske und erste Alleinbegehung eines Achttausenders, des Nanga Parbat – und nach der bestandenen Herausforderung am K2 hatte ich keineswegs geplant mit einer neuen Großtat aufzuwarten. Es lag mir fern mich selbst zu überbieten. Als ich aber 1980 die Genehmigung erhielt, den Mount Everest von Norden her, von chinesischem Territorium aus zu besteigen und als sich mir dadurch die Möglichkeit eröffnete, Tibet kennen zu lernen, das Land, das ich bereits als Kind in meinen Abenteuerträumen bereist hatte, nachdem ich die Bücher von Heinrich Harrer und Sven Hedin gelesen hatte, da konnte ich nicht widerstehen. Ich war sofort Feuer und Flamme. Welche Aussichten eröffneten sich mir: Ich sollte den höchsten Berg der Erde von einer ganz anderen, einer mir völlig unbekannten Seite kennen lernen, einen ganz anderen Berg und eine ganz andere Welt, eine mir vertraute und doch fremde Kultur und Geschichte! Auch diesmal wollte ich ohne technische Atemhilfe und wie beim Nanga Parbat im absoluten Alleingang – also in einem Zug vom Fuß bis zum Gipfel – den Mount Everest besteigen.

Im Juni 1980 trat ich nur in Begleitung meiner Freundin Nena Holguin, die die medizinische Betreuung übernehmen sollte, die Reise an. [. . .]

Am frühen Morgen des 17. August verließ ich mit meinem 15-18 Kilogramm schweren Rucksack das vorgeschobene Basislager um bis zum Nordsattel hinaufzusteigen. Hier wollte ich meine Last deponieren und wieder absteigen um am nächsten Tag, ausgeruht und ohne Gepäck, den endgültigen Angriff zu wagen. Bei strahlendem Wetter kam ich gut voran. Der Schnee war hart und griffig. In zwei Stunden schaffte ich den Weg bis zum Rand jener großen Spalte, die ich bereits bei meinem ersten Versuch überquert hatte. Über mir lag – zum Greifen nahe – der Sattel selbst, weiter oben der Nordgrat, wo Mallory und Irvine sich den Weg gebahnt hatten. Nachdem ich den Rucksack fixiert hatte, stieg ich wieder ab um noch eine Nacht lang zu rasten, alle Kräfte zu sammeln, viel zu trinken und viel zu essen.

Am nächsten Tag, lange bevor die Sonne aufging, brach ich im Schein einer Stirnlampe auf. Ohne Schwierigkeiten gelangte ich zu der Stelle, wo mein Rucksack lag. Ich nahm ihn auf und ging weiter. Einige Minuten später, ich wollte gerade eine Schneebrücke überqueren, sackte ich durch, das Licht ging aus und ich stürzte haltlos in die Tiefe. Ich verlor völlig die Orientierung. Als ich wieder festen Boden unter den Füßen spürte, wusste ich nicht, wie viele Meter ich gestürzt war. Es war stockdunkel. Mit Mühe gelang es mir, die Lampe wieder einzuschalten. Was ich jetzt erkennen konnte, ließ mich erschaudern. Ich stand auf einer schmalen Brücke, unter mir schwarze, gähnende Leere und über mir das baumstarkdicke Loch, durch das ich gestürzt war und durch das ich jetzt die Sterne am Himmel sehen konnte. Wie sollte ich da wieder herauskommen? Angst überfiel mich, der Schweiß stand mir auf der Stirn, meine Beine begannen zu zittern, meine Schultern und mein Rücken verkrampften sich. Ich war wie gelähmt. War ich verloren? Ich wollte aber nicht sterben! Langsam kehrte meine Fähigkeit zurück, logisch zu denken, instinktiv zu handeln, was in solchen Momenten der Todesgefahr das einzig Richtige ist. Mein Überlebenswille war wieder wach und ich schwor, sollte ich mich aus diesem Loch mit eigener Kraft wieder befreien können, würde ich mit diesem Wahnsinn, allein auf einen Achttausender zu steigen, aufhören. Immer nur dieser eine Gedanke: Nur noch einmal davonkommen! Den Tod vor Augen, fiel mir der Lieblingsspruch meiner Mutter ein: „Es wird schon gehen!“, und tatsächlich nach bangem Suchen und Abtasten fand ich, ohne die Steigeisen anziehen zu müssen – was auf der brüchigen Spalte lebensgefährlich gewesen wäre –, eine schmale Rampe, über die ich an den unteren Spaltenrand gelangte, von wo aus ich heraussteigen konnte. Gerettet! Doch was sollte ich tun? Aufgeben und wieder absteigen? Wenn ich in Richtung Gipfel weitergehen wollte, musste ich nochmals diese Schneebrücke überqueren, musste ich dieses Loch überspringen. Hatte ich nicht „Nie wieder!" geschworen? Ich weiß nicht mehr, was dann kam. Ich weiß nur, dass ich ohne zu denken, ohne es eigentlich zu wollen, dass ich – wie von einer fremden Hand geführt – die Brücke, das Loch überwand und wie in Trance stieg, immer weiter nach oben stieg.

Als ich den Nordsattel in einer Höhe von über 7000 Metern erreichte, traf mich die Sonne. Nena, die mich nach dem Aufwachen mit dem Fernglas beobachtete, hatte nichts gemerkt. Sie konnte nicht ahnen, dass ich eingebrochen war und buchstäblich in Lebensgefahr geschwebt hatte. Sie bemerkte zwar das Loch, aber die Spur führte schließlich darüber hinweg und hinauf bis zum Nordsattel, wo es keine Spaltengefahr mehr gab. Sie glaubte mich in völliger Sicherheit.

Im ersten Morgenlicht erkannte ich den Gipfel des Cho Oyu, im Norden stand majestätisch der 7600 Meter hohe Nordgipfel des Everest, vom Westen her immer noch unbestiegen. Während die Sonne allmählich die Talsohle berührte, an Stärke und Kraft zunahm, rückte der Nordgipfel allmählich näher. Immer nur wenige Schritte und ich musste wieder rasten. Mein Blick schweifte hinüber nach Nepal, dorthin, von wo aus ich schon einmal hochgestiegen war. Ursprünglich war ich davon ausgegangen, auf einer Höhe von etwa 7500 Metern biwakieren zu müssen. Doch trotz unendlich großer Müdigkeit, trotz dieser grenzenlosen Schinderei fühlte ich mich stark genug weiterzustapfen. Als der Höhenmesser 7800 Meter anzeigte, schlug ich unterhalb der Nordost-Schulter, in der Nähe eines Felszahns, mein Lager auf.

In der Nacht frischte es merklich ab, ein Sturm kam auf, doch das Wetter blieb im Großen und Ganzen gut. Ich war sicher, dass ich in zwei Tagen den Gipfel erreichen konnte: Hatte ich nicht innerhalb eines Tages 1400 Höhenmeter überwunden, warum also sollte es nicht gelingen, die restlichen 1000 Meter in der doppelten Zeit zu schaffen? Aber ich wusste auch, welche Kraft, welche Anstrengung jeder Meter in der Todeszone kosten würde! Ich nahm mir vor, die beiden nächsten Tage streng einzuteilen: Acht Stunden wollte ich mich ausruhen, nur essen und Schnee schmelzen, um viel trinken zu können, acht Stunden wollte ich dösen, schlafen, mich psychisch auf den weiteren Aufstieg vorbereiten, und acht Stunden wollte ich schließlich steigen.

Am nächsten Morgen begann ich mit viel Zuversicht mich für den Abmarsch fertig zu machen. Ich trank den Rest von Flüssigkeit, den ich hatte, dann nahm ich mein kleines Zelt wie ein Schneckenhaus huckepack um es in der Sonne trocknen zu lassen. Mein Weg führte in Richtung NordostGrat, zu jenem Grat, wo Mallory und Irvine verschollen geblieben waren [1924]. Der Schnee lag tief. Ich kämpfte mich mit aller Energie durch, musste jedoch einsehen, dass ich nicht weiterkam. Es war zu gefährlich, weil jederzeit Lawinen herunterkommen konnten. Als ich erkannte, dass in der Nordwand Lawinen abgegangen waren, vermutete ich dort eine härtere Schneeunterlage vorzufinden. Und so begann ich, ganz meinem Instinkt folgend, die ganze Nordwand in der Hoffnung zu durchqueren, die Norton-Schlucht erreichen zu können, durch die ich den Gipfelangriff vornehmen wollte.

Durch diese notwendige Querung konnte ich allerdings an diesem Tag kaum 400 Höhenmeter schaffen. Ich wurde mutlos, die Lunge begann zu schmerzen, die Glieder wurden schwer, der Atem ging stoßweise. Wie am Nanga Parbat hörte ich wieder diese Stimmen, hatte ich das Gefühl, jemand ist in meiner Nähe! Als das Wetter umschlug – Nebelschwaden begannen aufzusteigen –, wurde ich unsicher und ich musste in 8200 Metern Höhe erneut ein Lager aufschlagen. Erschöpft kroch ich in das Zelt um auszuruhen, zu essen und zu trinken, um immer wieder zu trinken. Dabei hatte ich wieder dieses starke Gefühl: Ich bin nicht allein, hier ist jemand. Hautnah war es zu spüren. Ich ertappte mich sogar dabei, wie ich eine Fleischportion in zwei Teile schnitt um sie meinem Gegenüber, mit dem ich sprach, zu geben. Mein Kopf drohte zu zerspringen. Immer wieder dieses Summen und Rauschen!

Am nächsten Morgen, als ich aus dem Zelt kroch, war zunächst alles von einem sonderbaren Licht durchdrungen, dann kam wieder dichter Nebel. Sollte ich es dennoch wagen, alles auf eine Karte setzen? In der Hoffnung, dass es etwas aufklaren würde, stapfte ich los. Das Zelt und andere schwere Ausrüstungsgegenstände ließ ich zurück. Ich sagte mir, in deinen eigenen Spuren, die du in den schweren Monsunschnee stapfst, findest du allemal zurück! Obwohl ich mich mehr hinauftastete, als dass ich hinaufstieg, wurde es bei jedem Schritt mehr und mehr zur Gewissheit: Ich schaffe es! Ab und zu riss das Wolkenband für einen Moment auf und ich konnte zum Nordgipfel hinunterschauen, der bereits tief unter mir lag. Ich konnte sogar den zentralen Rongbuk-Gletscher ausmachen, der sich wie ein mächtiger Eisstrom mäanderartig nach Rongbuk hinauszieht. Nun wusste ich, ich war bereits in Gipfelnähe! Mit letzter Kraft schleppte ich mich vorwärts, 50, vielleicht 80 Meter in der Stunde. Dann endlich konnte ich das Gipfelstativ ausmachen. Ich erreichte am 20. August kurz nach 15 Uhr den Gipfel. Völlig ausgepumpt, ohne an etwas zu denken, völlig teilnahmslos bin ich nur einfach dagesessen, vielleicht eine halbe, vielleicht eine Stunde, ich weiß es nicht. Erst dann habe ich – mehr instinktiv – noch einige Aufnahmen gemacht. Alle Angst war von mir gewichen. Wieder hatte ich dieses schwebende Gefühl, dieses Gespür, eins mit der Welt zu sein. Zweimal war ich an die Grenze der Welt gegangen, zweimal an die Grenze meines Selbst. Warum sich also Sorgen machen über den Abstieg? Unendliche Ruhe kehrte ein und ich vermeinte in diesem All zu verschwinden, einzutauchen in das Nirwana. Ich war auf dem Höhepunkt all dessen, was ich jemals erträumt, gefühlt, gedacht hatte. Ich musste all meine Kraft zusammennehmen um mich vom Gipfel losreißen zu können.

Völlig ausgebrannt, mechanisch Schritt für Schritt, immer nur meinem Instinkt folgend, schaffte ich in zwei Tagen den Abstieg. Als ich – mehr kriechend als gehend – das Zelt unseres vorgeschobenen Basislagers, wo Nena voll Sorgen auf mich wartete, erreicht hatte, wusste ich erstmals: Mehr als das, was ich geleistet hatte, konnte ich nicht geben. Im Delirium der folgenden Tage fiel mir immer wieder dieser eine Satz Saint Exupérys ein: Kein Tier hätte es fertig gebracht!

Todesopfer

Bis Februar 1986 haben 280 Menschen ihr Leben an den Achttausendern verloren. 60% der Unfälle wurden durch objektive Gefahren verursacht, das heißt durch solche, die außerhalb der Kontrolle des Bergsteigers liegen. Bezogen auf die Achttausender-Gipfel könnte man sagen, dass die Reduzierung der objektiven Gefahren die größte Kunst ist, die ein Bergsteiger entwickeln kann.

Bei dieser Form der Analyse ist eine Unklarheit zwischen den einzelnen Gruppen unvermeidlich: Ausgesetztsein, Erschöpfung und Krankheit stehen in Berichten über die Ereignisse in unterschiedlichen Verhältnissen zueinander. Berichte über Lawinen sind nicht immer genau. Es ist ein Unterschied, ob es sich dabei um herabstürzenden Schnee handelte oder um Séracs, wobei das Endergebnis in beiden Fällen das Gleiche ist. Tatsache ist, dass Stürme im Himalaja, ohne Einwirkung anderer Faktoren, eine große Anzahl von Bergsteigern töten, entweder indem sie sie zu Boden schleudern, oder sie buchstäblich vom Berg hinunterblasen. Vielleicht ist es die traurigste Erkenntnis, dass über 30 Bergsteiger verschwunden oder aufgrund unbekannter Ursachen umgekommen sind.

Todesopfer

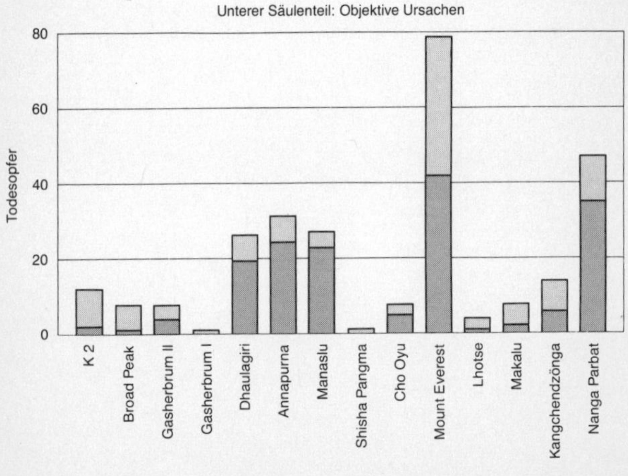

Todesopfer auf den Achttausendern

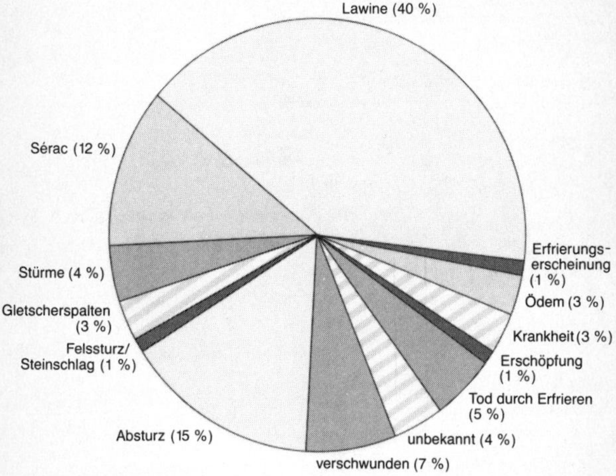

II Mutproben – Abenteuer mit Kindern

Emil Zopfi: Der Computerdieb

Marcs Traum ist der Besitz eines Computers. Der Diebstahl eines „Golden Arrow“, des besten Computers der Welt, scheint ihm einen Jugendtraum zu erfüllen. Marc ahnt nicht, dass die Computerfirma sich mittels einer Sperre gegen Diebstahl geschützt hat, und so kann Marc sein Gerät gar nicht benützen. In einem Jugendzentrum lernt Marc Andreas, einen ehemaligen Computerspezialisten kennen, der ihm hilft die Sperre zu „knacken“. Wie aus dem Computerdieb Marc am Ende mit Hilfe seines Freundes Andreas und mit Unterstützung des Computerherstellers ICS der Betreuer eines Computerkurses im Jugendzentrum „Rosenhof‘ wird, dieses Geheimnis ohne Computer zu „knacken“, seid ihr als Leser aufgefordert.

Es ist November. Nebel liegt über der Stadt. Feiner Sprühregen rieselt in die gelben Lichtkegel der Straßenlampen. Es ist kalt.

Marc hat seinen Plan sorgfältig durchdacht. Die Räder des Karrens, den er vor sich her durch dunkle Straßen stößt, quietschen leise.

„Shit“, murmelt Marc vor sich hin. Er hätte die Räder ölen sollen. Nun ist es zu spät.

Mit dem zweirädrigen Karren hat seine Mutter früher Zeitungen ausgetragen. Vater hatte ihn zusammengebastelt, aus zwei Fahrradrädern und einer Holzkiste. Eine alte Militärplane drüber, damit die Zeitungen nicht nass wurden, wenn es regnete. Seit Vater weg ist, steht der Karren unbenutzt im Keller. Mama arbeitet auf der Post. Nachtschicht. Das wird besser bezahlt.

Marc hat sich ein paar Zeitungsbündel geschnappt, die bereit zum Austragen in einer Einfahrt lagen. Wenn ihm ein Polizist oder ein Nachtwächter begegnet und unangenehme Fragen stellt, trägt er Zeitungen aus für seine kranke Mutter. Marc ist ein braver Junge. Die Ordnungshüter werden ihn in Ruhe lassen.

Alles ist geplant. Alle Antworten und Ausreden. Die Geschichte vom armen Zeitungsjungen mit der kranken Mama. Alle möglichen Fluchtwege, wenn man ihm nicht glaubt. Selbst die alte Fahrradnummer, die an der Zweiradkarre angeschraubt war, hat er entfernt. Damit man sie nicht identifizieren kann, falls er sie stehen lassen muss. Marc hat ein richtiges Programm aufgestellt. Wenn, dann ... Im Programmieren ist er stark, sehr stark. Er ist der beste Programmierer unter den Computerfreaks im Electronic-Shop. Keiner macht ihm da was vor. Nicht mal René, der drei Computer besitzt.

Wenn, dann ... oder IF, THEN ... wie es in der Computersprache BASIC heißt, die Marc im Traum beherrscht.

IF Polizei THEN PRINT „Mama ist krank, deshalb muss ich für sie Zeitungen austragen."

Marc möchte ein großer Programmierer werden. BASIC kann er, doch weiter kommt er im Electronic-Shop nicht mehr. Um weiterzukommen, fehlt ihm eines: ein eigener Computer!

Doch das wird sich ändern. Sehr bald wird sich das ändern, denkt Marc. Morgen schon werde ich einen eigenen Computer besitzen. Und nicht irgendeine Hobbybüchse. Nein. Den Golden Arrow der ICS werde ich haben. Den goldenen Pfeil! Den besten Kleincomputer auf dem Markt.

Uuit, uuit, uuit ...

Er hätte die Räder der Zeitungskarre ölen sollen. Ein Fehler in seinem Programm. Ein Programmfehler, der ihm alles durcheinander bringen kann.

Marc schreitet rascher aus. Die lange, schnurgerade Allee ist menschenleer. Industriezone. Nur da und dort leuchtet eine Reihe Fenster. Plakatwände säumen die Straße. Er nähert sich dem Messegelände. Einmal sieht er im grellen Licht einer Straßenlampe ein Plakat, das den flachen weißen Kasten zeigt mit dem Signet des goldenen Pfeiles, der auf einem gespannten Bogen liegt, daneben Bildschirm und Tastatur:

ICS – GOLDEN ARROW

The best of the world!

So verkünden fette Lettern. Marc schaut auf die Uhr. Zehn vor elf. Um Punkt elf wird Heilmann, der Nachtwächter, die Messehalle durch die Tiefgarage verlassen. Marc lässt die Zeitungskarre neben einer Reihe von Abfallcontainern stehen. Im Schutz des Nebels überquert er den großen Parkplatz vor der Messehalle. Alle Fenster des zweistöckigen Baus sind dunkel. Nur die große Tafel an der Fassade ist beleuchtet.

MICRO-COMPUTER-AUSSTELLUNG

Daneben zeigen Leuchtziffern die genaue Uhrzeit an. Vier Minuten vor elf.

Marc setzt sich auf eine Mauer und wartet. Unendlich lange dauert es, bis eine Minute verstrichen ist und die Leuchtziffer springt.

Drei Minuten vor elf.

Er beginnt zu frösteln. Er stellt sich vor, wie Heilmann seinen Rundgang beendet, den Peugeot besteigt, Kontrolluhr und Hut auf den Nebensitz legt und den Zündungsschlüssel einsteckt.

Es ist elf Uhr. Elf Uhr null eins.

Dann öffnet sich das Tor zur Tiefgarage langsam und beinahe geräuschlos. Ein riesiges, schwarzes Maul, in dem plötzlich zwei grelle Lichter auftauchen, sodass Mark einen Augenblick lang geblendet stehen bleibt. Dann fasst er sich, springt über die Mauer der Rampe hinab, rennt geduckt durch das Tor, das sich langsam hinter ihm schließt.

Geschafft. Er befindet sich im Innern der Messehalle, lehnt sich an eine Betonmauer und horcht. Wenn ihn Heilmann gesehen hat, kehrt er zurück, findet ihn in der Tiefgarage. Er wird ihm die Geschichte auftischen, die er sich für diesen Fall zurechtgelegt hat.

IF Heilmann THEN PRINT „Heilmann, ich muss mit dir reden, wegen Mama."

Das Programm. Heilmann, ich möchte wissen, warum du jeden Abend, wenn dein Dienst vorbei ist, Mama erwartest im Restaurant Rosengarten. Warum du ihr Wein bezahlst. Warum du manchmal mit ihr nach Hause kommst, mitten in der Nacht, und erst gegen Morgen weggehst. Heilmann, hast du nicht Familie, eine Frau und Kinder?

Hast du mir die Freikarte für die Ausstellung besorgt, damit ich dir keine Schwierigkeiten mache? Doch es bleibt still. Heilmann ist weggefahren. Auf der Rampe ist es so dunkel, dass Marc nur an der warmen Luft spürt, dass er sich im Innern des Gebäudes befindet. Er tastet sich der Mauer entlang in die Tiefe. Kühl und rau fühlt sich der Beton an. Endlich taucht ein verschwommener Lichtpunkt auf. Der Knopf, mit dem das Tor von innen geöffnet werden kann. Nur von außen braucht es einen Schlüssel. Marc wird also mühelos wieder ins Freie gelangen.

Er stößt gegen die Seitenwand eines Autos. Es gibt einen dumpfen, blechernen Ton.

„Shit . . ." Seine Stimme hallt im weiten Raum der Tiefgarage. Er erschrickt, fährt herum. Wieder erkennt er irgendwo einen Lichtpunkt und tastet sich langsam, mit ausgestreckten Händen auf ihn zu. Wie ein Blinder, geht ihm durch den Kopf. Alles ist dunkel, nur irgendwo flimmert noch ein verschwommener Lichtpunkt. Vielleicht werde ich einmal blind sein. Ein Auge habe ich schon verloren. Das linke. Sie haben mir ein wunderschönes Glasauge mit brauner Iris eingesetzt. Ein Kunstwerk, sagen sie. Aber es ist tot.

Wenn ich das rechte auch noch verliere, wird es sein wie

in diesem Raum. Alles dunkel, nur irgendwo noch der flimmernde, gelbe Punkt, auf den ich zustrebe, den ich nie erreiche.

Zwei-, dreimal stößt Marc gegen eine Betonsäule. Dann erreicht er den Knopf des Lifts. Er drückt, fährt in den zweiten Stock der Messehalle.

Angst verspürt er keine. Nur eine leise Aufregung. Er weiß, dass Heilmanns Ablösung erst in einer Stunde eintrifft. Jedenfalls scheint ihm das logisch zu sein, denn Heilmanns Dienst als Nachtwächter beginnt jede zweite Woche um Mitternacht. Falls ihn doch jemand überraschen sollte, sagt er, er suche Heilmann, den Freund seiner Mama. Eine private Angelegenheit, die niemanden was angeht.

Marc kennt sich aus im zweiten Stock. Bei Tag wenigstens, wenn die Besucher der Ausstellung von Stand zu Stand strömen, die unübersehbare Fülle von Geräten, Computern, Bildschirmen, Druckern betrachten, sich irgendwas erklären lassen und Plastiktüten mit Prospekten vollstopfen. Fast jeden Tag ist er hierher gekommen mit seiner Freikarte. Und jedes Mal ist er gleich zum Stand der ICS gegangen, wo die neuen Arrows stets von Besuchern umlagert waren. Der kleine Computer mit dem goldenen Pfeil auf dem gespannten Bogen ist der Hit der Ausstellung.

Manchmal gelang es Marc, sich durch die Leute zu drängen und an die Tastatur zu kommen, BASIC zu starten und ein kleines Programm einzutippen. Der Arrow ist viel schneller als alle Büchsen im Electronic-Shop, der Arrow hat viel mehr Speicherplatz, einen schönen Bildschirm, einen schnellen Drucker. Und er kann viel mehr als nur BASIC. Er kann verschiedene Computersprachen.

Schon am ersten Tag wusste Marc: Wenn ich einen Computer brauche, dann einen Golden Arrow. Ich muss einen Arrow haben. Warum soll René drei Computer besitzen und ich keinen? Warum kann René ins Gymnasium und ich nicht mal in die Sekundarschule? Meine einzige

Chance ist ein eigener Computer.

Er hat beschlossen sich einen Arrow zu beschaffen.

Und die Ausstellung ist die richtige Gelegenheit. In diesem Durcheinander von Geräten und Menschen kann ein Computer spurlos verschwinden. Vielleicht wird es nicht mal jemand bemerken. So, als habe er sich über Nacht aufgelöst. Was bedeutete hier ein einzelnes Gerät schon? Nichts. Für Marc dagegen bedeutete es alles.

Im breiten Korridor zwischen den Ständen geht er durch die Halle. Da und dort leuchten gespenstisch Kontrolllampen. Auf einem Bildschirm flackert ein kleines Rechteck. Der Cursor. Irgendwo knackt es in einem Elektronikschrank. Ventilatoren rauschen.

Es ist, als ob die Geräte während der Nacht ein eigenes, schemenhaftes Leben führten. Als ob sie sich in einer für Menschen unverständlichen Sprache unterhielten.

Marc geht langsam. Der Weg durch die Halle scheint ihm länger als am Tag, wenn sie von Menschen belebt ist. In der Dunkelheit hat er wegen seines Auges jedes Raumgefühl verloren. Manchmal bleibt er stehen und horcht. Nichts als das gelegentliche leise Knacken ist zu hören. Keine Schritte, kein Pfeifen, kein Klicken von Tasten. Er ist allein. Sein Herz klopft heftig, als er sich dem Stand der ICS nähert. *International Computing Systems Corp.* liest er im fahlen Licht, das durch ein Fenster hereinfällt. Die ICS ist eine der größten Computerfirmen der Welt. Da sind die Tische mit den Computern. Und da ist sein Arrow.

Er hat sich sein Gerät schon ausgesucht. Nichts unterscheidet es von den andern vier, die auf den Tischen nebenan stehen. Doch an diesem hat Marc ein kurzes Programm eingetippt am Nachmittag. Nur aus zwei BASIC-Anweisungen bestand es.

10 PRINT „Ich gehöre dir!“
20 GOTO 10

Er hatte es mit dem Kommando RUN gestartet.

Und es hatte: Ich gehöre dir! auf den Bildschirm geschrieben. Einmal, zweimal, dreimal, so lange, bis er das Programm stoppte, löschte und wegging.

„Dieser Computer gehört mir“, sagt Marc leise, „mir und niemand anderem.“

Er löst sorgfältig die Kabel, die Bildschirm, Tastatur und die schmale Box der Zentraleinheit miteinander verbinden. Von einem Gestell schnappt er sich eine Plastiktasche, steckt die gerollten Kabel hinein. Die Handbücher, die herumliegen, ebenfalls. Einen Rolltisch, auf dem Prospekte liegen, hat er sich schon am Nachmittag gemerkt. Er räumt ihn ab und stellt die Zentraleinheit, den Bildschirm, die Tastatur und den Drucker des Computersystems darauf. Dann legt er die Prospekte auf den leeren Tisch, als gehörten sie dorthin.

Dreiundzwanzig Uhr zwanzig. Alles läuft jetzt nach Programm. Marc braucht gar nicht zu überlegen, in Gedanken hat er alles hundertmal durchgespielt. Den Weg zurück zum Lift, dessen Tür offen steht und dessen Licht ihm den Weg weist. Die Fahrt hinab in die Tiefgarage. Das mühsame Fortbewegen des Rolltischs über den Betonboden, auf dem die kleinen Räder laut scheppern.

„Jetzt nur den Kopf nicht verlieren“, sagt Marc laut vor sich hin. Gleich bin ich draußen. Gleich lade ich die Fracht um in meine Zeitungskarre und schmeiße den blöden Rolltisch in einen leeren Container. Jetzt nur keine Angst, so kurz vor dem Ziel. Obwohl mir nun keine Ausrede mehr helfen würde. Keine Geschichte vom armen Zeitungsjungen und seiner kranken Mutter. Nein, jetzt liegt der Fall klar. Ich habe einen Arrow beschafft. Einen Arrow, auf den ich ein Anrecht habe, weil ich ein Recht habe, Programme zu schreiben, so gut wie René. Weil ich ein Recht habe darauf, den Computer noch viel besser verstehen zu lernen. Weil das meine einzige Chance ist, Programmierer zu werden. Jetzt nur keine Angst, auch wenn ich mir dieses Recht selber herausgenommen habe, ohne jemanden zu fragen.

Nun ist er beim leuchtenden Knopf an der Rampe. Er sieht nur noch einen hellen Klecks, da er sein gesundes Auge in der Dunkelheit sehr anstrengen musste. Zweimal tappt er daneben, als er ihn drücken will. Dann hört er, wie sich das Garagentor langsam öffnet. Mit großer Anstrengung schiebt er den Rolltisch die Rampe hoch. Das Tor bleibt offen. Die kühle, neblige Luft der Nacht schlägt ihm entgegen.

Marc schwitzt. Seine Beine zittern vor Anstrengung. Oder vielleicht doch vor Angst. Aber er ist draußen. Er hat es geschafft. Sein Programm hat funktioniert. Bis jetzt ohne jeden Fehler.

Kurt Held: Die rote Zora und ihre Bande

Der 12-jährige Branko, Sohn eines fahrenden Geigers, verliert seine Mutter. Niemand in dem kleinen kroatischen Fischerstädtchen Senj kümmert sich um den Jungen. Als er auf dem Markt einen Fisch aus der Gosse aufhebt, weil er es vor Hunger nicht mehr aushält, wird er angezeigt und ins Gefängnis gesteckt. Die rote Zora befreit ihn und beide müssen nun vor den Polizisten Begovic und Dordevic fliehen.

Branko hockte noch auf der Erde, als das Mädchen neben ihm niedersprang.

„Du bist die rote Zora“, sagte er bewundernd. Er hatte schon viel von dem Mädchen gehört. Sie führte eine Bande, die in Senj sehr gefürchtet war.

„Komm jetzt! Schnell!“, unterbrach sie ihn. „Begovic kann jeden Augenblick hier sein.“

Das Mädchen schwang sich bereits auf den nächsten Zaun und setzte darüber. Branko folgte ihr.

Die Häuser standen in dem Viertel sehr dicht nebeneinander, aber hinter jedem Haus war noch ein winziger Hof und eine Mauer.

Zora schien hier genau Bescheid zu wissen, und wie Brankos Befreiung hatte sie auch ihre Flucht gut vorbereitet. Am nächsten Zaun standen zwei Kisten.

Zora war bereits oben. „Wenn du auf dem Zaun bist“, rief sie ihm zu, „wirf die Kisten mit den Beinen um.“

Branko tat es.

Das nächste Hindernis war eine hohe Mauer. Zora hatte einen Pfahl daran gelehnt. Diesmal wartete sie, bis Branko oben war, dann zogen sie den Pfahl gemeinsam nach.

Jetzt hörten sie Begovic schon. „Dordevic!“, schrie er. „Dordevic! Der Kerl ist ausgerissen!“

„Bist du verrückt!“, rief Dordevic zurück. „Der Bürgermeister hängt dich auf. Wo ist er?“

„Dort! Dort!“ Begovic zeigte auf die beiden, die sich gerade auf eine dritte Mauer schwangen.

„Renn ihnen doch nach!“ Begovic rannte schon.

Zora und Branko traten auf der anderen Seite des Häuserviertels auf die Straße. „Jetzt da hinaus“, flüsterte Zora und zog ihn eine kleine Treppe hoch.

Die Kinder balancierten wieder eine Mauer entlang, ließen sich in eine Scheune hinab, verschnauften dort und horchten, ob noch etwas von den Gendarmen zu hören sei, aber sie hörten nichts.

„Komm nun!“ Zora schob einen Riegel zur Seite und stieß eine kleine Klappe auf. „Da hinaus.“

Branko streckte erst vorsichtig seinen Kopf durch die Öffnung, bevor er ihr folgte. Wo waren sie?

Der Bub machte erstaunte Augen. Die Klappe war in der alten Mauer, die den oberen Teil von Senj umgab, und führte unmittelbar auf die Straße, die um die Stadt herum ans Meer und von dort nach Fiume ging.

Die Helle, die ihn plötzlich umgab, blendete ihn einen Augenblick, dann sprang er dem Mädchen nach.

Zora sah sich vorsichtig um. „Wir müssen nur noch über

die Straße und in die Gärten“, rief sie, „dann sind wir gerettet.“

Sie rannten hinüber. Zora saß schon auf einem Zaun, da hörten sie Dordevics Stimme: „Begovic! Begovic! Da sind sie!“

Dordevic war um den Häuserblock herumgelaufen um sie oben abzufangen, er war aber eine Minute zu spät gekommen.

„Herauf!“, rief das Mädchen. Branko saß schon neben ihr. „Nun lauf wie der Teufel und immer hinter mir her.“

Die beiden Kinder waren in einem Kohlbeet gelandet. Nun krochen sie durch eine Himbeerhecke, sprangen über ein Mistbeet, schlichen sich an einer Laube vorbei und liefen immer schneller. Zora kannte hier jeden Winkel. Sie teilte Gebüsche, umging jeden Stacheldraht, jeden Zaun, der zu hoch war, kannte jede Pforte, die offen stand, und bei denen, die verschlossen waren, wusste sie einen Durchschlupf oder kletterte einfach darüber.

Sie waren schon durch sieben oder acht Gärten gerannt und Branko konnte kaum noch.

„Hat es überhaupt noch einen Zweck, dass wir vor ihnen davonlaufen?“, stöhnte er. „Ich glaube, sie erwischen uns doch.“

Zora sah ihn halb böse, halb belustigt an. „Solange einen die Beine noch tragen, soll man ausreißen, und solange sie uns noch nicht am Kragen haben, können wir ihnen auch noch entkommen.“ Da kam wieder eine Mauer. Als Branko hinuntersprang, war er auf der breiten Allee, die er am Morgen entlanggewandert war.

„Spring schnell hinüber und schwing dich drüben über die Mauer. Ich glaube, sie sind uns noch immer auf den Fersen.“

Branko überquerte die Straße und kam mit Mühe auch noch über die jenseitige Mauer. Als er sich dahinter ins Gras duckte, hörte er sowohl Begovic wie Dordevic herankeuchen. Diesmal war Begovic um die Gärten gelaufen, während Dordevic ihnen gefolgt war. Sie sahen Zora.

„Da ist das Teufelsmädchen“, japste Begovic, ganz außer Atem, „und da wird auch der Junge nicht weit sein.“ Er keuchte heran. Bevor er aber an der Mauer war, hatte sich auch Zora hinübergeschwungen.

Zora schoss an Branko vorbei, auf ein kleines Gartenhaus zu und zirpte wie ein Fink. Im gleichen Augenblick wurde ein Laden aufgestoßen und ein Junge blickte aus dem Fensterloch.

„Kommt heraus“, flüsterte Zora leise, „wir werden verfolgt.“

Aus dem einen Kopf wurden drei und mit einem Satz sprangen die drei zu ihnen in den Garten.

Der Erste war groß, plump und sah ungemein tollpatschig aus. Auf einem breiten Körper saß ein genauso breiter, schwerer Kopf. Die Haare standen in die Höhe wie bei einem Igel, die Ohren waren größer als gewöhnlich, die Nase dick und fleischig, und wenn nicht die Augen so melancholisch gewesen wären, hätte man annehmen können, der ganze Junge sei ein ausgesprochener Raudi. Er kam mit großen Schritten, die Hände, die genauso ungefügig waren wie sein Körper, etwas vorgeschoben, auf sie zu. Der Zweite war im Gegensatz zum Ersten klein, beinahe winzig, aber ungemein schnell und beweglich. Er überholte den Großen und war zuerst bei ihnen.

Der Dritte war ungefähr so groß wie Branko, er glich ihm auch in seinem Wuchs und seinem Aussehen, nur dass die geschlitzten Augen, der große Mund und ein Zug, der von der Nase bis hinunter zum Kinn ging, dem Gesicht etwas Boshaftes, ja Hinterhältiges gaben.

„Wer verfolgt euch?“, sprudelte der Kleine heraus und hob seinen spitzen Kopf und die kleine Stupsnase zu Zora empor.

„Zwei Gendarmen, Nicola, Begovic und noch einer“,

flüsterte das Mädchen, „gleich werden sie da sein."

Der Große zeigte die Fäuste und die Zähne. „Ich werde es ihnen schon geben."

„Bist du verrückt, Pavle", fuhr Zora ihn an, „davonlaufen sollt ihr an unserer Stelle, nichts weiter."

„Das ist alles, was wir machen sollen?", fragte der Dritte.

„Ja, Duro", antwortete sie. „Pass auf. Du bist doch immer der Klügste. Wir beide gehen jetzt ins Gartenhaus. Ihr macht die Läden zu und setzt euch dann hierhin. Sobald euch Begovic und der andere sehen, reißt ihr aus. Jeder nach einer anderen Seite, und oben an der Brombeerhecke sehen wir uns nach einer Stunde wieder."

Duro nickte, Nicola rieb sich die Hände. „Das wird fein", und Pavle sagte: „Ich hätte sie doch lieber verprügelt."

Da hörten sie Begovic schon an der Mauer. „Komm, Dordevic, hilf mir. Allein komme ich nicht mehr hinüber."

Dordevic schien auch bereits da zu sein, denn einen Augenblick später tasteten Begovics dicke Hände auf die Mauer.

„Hinein!", zischte Duro Zora und Branko zu. Da waren sie schon im Haus. Duro drückte die Läden zu und es wurde dunkel um die beiden.

Begovic hatte inzwischen mit Ächzen und Stöhnen die Mauer erklommen. Oben blieb er erst einige Sekunden sitzen. Er sah fürchterlich aus. Seine Kappe fehlte und die paar Haare, die er noch hatte, standen steil in die Höhe. Den Rock trug er offen, den Gürtel schien er verloren zu haben, auch seinen Knüppel hatte er nicht mehr, und der Schweiß lief ihm über sein Gesicht, als hätte man Wasser darüber gegossen.

„Äch", stöhnte er, „äch", und er wischte sich mit beiden Händen den Schweiß von der Stirn. Erst dann sah er sich um.

Die drei Buben, die unten im Gras saßen und Karten in der Hand hielten, spielten ihre Rollen ausgezeichnet. Sie machten erst Gesichter, als sei Begovic ein Geist.

Auch Begovic starrte mit großen Augen zu ihnen hinunter. „Dordevic!“, rief er. „Da sind sie, aber es sind nicht mehr zwei, sondern drei.“

„Ich glaube wirklich, du bist besoffen“, meinte Dordevic, der sich jetzt an der Mauer in die Höhe zog.

Als die Buben auch Dordevic sahen, warf Duro als Erster die Karten hin: „Zwei Gendarmen auf einmal, das ist mir zu viel.“ Er riss aus.

Nicola warf als Zweiter seine Karten weg. „Ja, wenn Dordevic mit unterwegs ist“, meinte er, „wird es gefährlich“, und rannte nach der anderen Seite.

Pavle blieb noch immer sitzen. In seinem großen, gutmütigen Gesicht arbeitete es. Er hätte sich lieber mit den beiden geprügelt als auszureißen, besonders da man ihnen ansah, dass sie recht mitgenommen waren.

Endlich nahm er seine Karten zusammen, erhob sich langsam und brummte: „Ich will lieber auch gehen.“ Begovic hatte Dordevic inzwischen ganz nach oben gezogen. „Siehst du sie nun?“ Er zeigte auf die davonlaufenden Jungen. „Es sind wirklich drei.“

„Schafskopf“, knurrte ihn Dordevic an, „ob zwei oder drei, fangen müssen wir sie.“

Begovic kratzte sich in den Haaren. „Sage mir wenigstens noch, welchen von ihnen.“

„Ich werde einmal dem Großen nachlaufen“, sagte Dordevic, „der scheint der Langsamste zu sein.“ Er sprang von der Mauer hinunter und rannte Pavle nach.

Begovic strich sich noch einmal über die Haare. „Mir armem Mann überlässt man immer das Schwerste“, stöhnte er. Dann lief er Nicola nach.

Zora und Branko, die, dicht an den Laden gepresst, durch die Ritzen starrten, hatten alles gesehen und gehört.

Zora rieb sich vor Freude die Hände, stampfte auf und zappelte hin und her.

Branko schnaufte noch immer und war außer Atem. Er sah aber gleichfalls mit Freude, wie erst die Buben und schließlich Begovic und Dordevic verschwanden.

„Was machen wir nun?“, fragte er, und da das Mädchen nicht gleich antwortete, fuhr er fort: „Ich würde am liebsten hier bleiben.“

„Das ist zu gefährlich“, meinte Zora, die noch hinter den Gendarmen herspähte. „Nein, sie können zurückkommen, wenn sie keinen von den beiden erwischen und in alle Lauben sehen. Wir müssen weiter.“

„Wohin denn?“, wollte Branko wissen.

„Du hast es doch gehört. In die Brombeerhecken. Sie sind oben, hinter der Stadt.“

Sie drückte die Läden wieder auf, spähte noch einmal nach allen Seiten und sprang in den Garten. Branko folgte ihr.

Bevor sie durch den nächsten Zaun schlüpften, drehte sich Zora noch einmal um. „Hast du die Läden wieder zugemacht?“ Branko verneinte.

„Schnell, mach es“, sagte sie. „Die Gendarmen wissen sonst sofort, dass wir in dem Haus gewesen sind.“

Branko kehrte um und tat es.

Sie krochen, kletterten, stiegen und schlichen diesmal langsamer vorwärts, aber sie mussten noch beinahe über ein halbes Dutzend Zäune, Mauern und Hecken, kamen an einem Springbrunnen vorbei, an schönen Aprikosenbäumen, an einem ganzen Blumenhain. Branko sah Sonnenblumen, Lilien, Klatschmohn, Rittersporn, Rosen und war erstaunt, wie abgeschlossen und schön es auf der anderen Seite der Mauern war, die er noch nie gesehen hatte, denn er spielte mit seinen Kameraden bisher immer nur in Höfen und Kellern oder unten am Meer.

Sie begegneten fast niemandem. Einmal einer alten Frau,

die Unkraut jätete, einer Katze, einem alten Mann, der in der Sonne saß und kaum aufblickte, als sie vorüberrannten, und einem asthmatischen Hund, der aber zu dick war, um sie einzuholen. Im gleichen Augenblick krochen sie auch durch die letzte Hecke und befanden sich zwischen Schlehenbüschen, Brombeer- und Himbeergewirr und Ginster.

Ja, hinter der letzten Mauer war die Schönheit, Abgeschlossenheit und Gepflegtheit der Gärten wie weggewischt. Es begann eine heiße, erst noch dichte, aber dann immer dürftigere Wildnis.

Die Kinder gingen einige Meter in dem Bachbett des Potoc und bestiegen dann eine Höhe. Die Hitze war hier beinahe unerträglich. Die Hecken fielen zu winzigen Sträuchern zusammen. Immer mehr kamen Stein und Fels durch. Sie sahen auch keine Blume und kaum einen Grashalm mehr.

Hinter dem Hügel, wo es etwas schattiger war, begann das Brombeergebüsch, von dem Zora gesprochen hatte. Es zog sich die ganze Hinterseite des Hügels hinab und reichte bis hinunter ans Meer. „Da drin kommen wir hie und da zusammen." Zora zeigte auf die Mauer von Dornen und Ranken.

Branko stotterte nur: „Da drin?" Die Hecke schien ihm so undurchdringlich, die Ranken so fest und stachlig, dass er das Gefühl hatte, nicht einmal ein Hund oder sonst ein Tier könnte hineinkommen.

„Es darf eigentlich keiner, der nicht in der Bande ist, mit hineingenommen werden", sagte Zora weiter, „aber du darfst hinein. Es ist ja meine Bande, also komm."

Sie bückte sich, zog einige Ranken, die fest in der Erde steckten, heraus und legte sie neben sich.

Langsam wurde ein Gang frei.

„Kriech hinein!" Sie zeigte auf das Loch.

Branko staunte noch immer. „Das habt ihr gemacht? Ihr seid wirklich tüchtige Kerle."

„Pass lieber auf, wie ich es wieder zumache“, antwortete Zora und steckte, nachdem sie ihm nachgekrochen und sich vorsichtig umgedreht hatte, alle Ranken wieder sorgfältig in die Erde.

„Nun kommt nicht einmal ein Fuchs oder ein Hase herein“, sagte sie stolz, „und du kannst weiterkriechen.“

Die Bande hatte einen richtigen Gang ausgeschnitten. Branko musste aber immer auf allen vieren bleiben; sobald er sich erhob, stach ihn eine Ranke in den Hals oder in den Rücken.

Zweimal machte der Gang einen Bogen und einmal musste Zora an ihm vorbeischlüpfen, weil er plötzlich aufhörte und noch einmal sorgfältig zugesteckt war.

„Da kommt wirklich niemand herein, der nicht genau Bescheid weiß“, lobte Branko wieder.

„Auch nicht hinaus“, meinte Zora. „Hinaus ist es noch schwieriger.“

Der Gang öffnete sich und sie konnten endlich aufstehen. Sie waren jetzt auf einem runden, ungefähr zehn Quadratmeter großen Platz.

„Wir sind da“, sagte Zora, „nun wollen wir warten, bis die anderen kommen.“

Branko sah sich um.

Auf dem Platz war eine alte Feuerstelle. Die Brombeeren standen hier so hoch, dass man nicht darüber sehen konnte. Ja, wenn man sich dicht an sie drückte, lag man sogar, obwohl die Sonne beinahe am höchsten stand, etwas im Schatten. Zora rollte sich unter ein paar Ranken zusammen, legte den Kopf zwischen die Arme und versuchte zu schlafen. Branko hockte ihr gegenüber. Er sah sie an.

Der Knabe war, seitdem ihn das Mädchen aus dem Gefängnis geholt, noch nicht zur Besinnung gekommen. Jetzt atmete er auf und dachte noch einmal über alles nach.

Zora hatte die Augen geschlossen und er konnte sie unverwandt ansehen. Es lag etwas Weiches und Mädchenhaftes in ihrem Gesicht, während sie bisher ernst und knabenhaft, ja manchmal sogar hart und böse ausgesehen hatte. Das rote Haar war durch die Hände verdeckt und die Sommersprossen waren im Schatten der Ranken kaum sichtbar. Sie sah jetzt nicht nur mädchenhaft, sondern geradezu schön aus. Warum hatte sie ihn wohl aus dem Gefängnis befreit und war dann mit ihm fast über alle Zäune und Mauern von Senj geklettert, um ihn zu retten?

Branko wurde traurig, während er darüber nachsann. Er sah wieder die Gesichter der Senjer Buben, die ihn beschimpft und einen Spitzbuben genannt hatten.

Alle hatten ihn verraten und verlassen, sogar seine Freunde, nur weil er einen Fisch aufgehoben, und ausgerechnet dieses fremde Mädchen, das alle die rote Zora nannten, hatte ihn gerettet.

Zora spürte, dass Branko sie ansah.

Plötzlich sagte sie, ihre Augen waren noch halb geschlossen: „Was starrst du mich so an?“

Branko sagte, was er dachte: „Warum hast du mich eigentlich gerettet?“, fragte er.

„Ich weiß es nicht.“

„Ich möchte es aber wissen.“

„Ich kann es dir nicht sagen.“

„Du hast mich doch vorher gar nicht gekannt?“

„Ich habe gesehen, dass du hungrig warst, und ich weiß, wie es ist, wenn man Hunger und nichts zu essen hat. Ich habe dir dann helfen wollen, als dich Karaman erwischte, und ich musste dir eben weiterhelfen, als dich Begovic ins Gefängnis brachte.“

„Mir will einfach nicht in den Kopf, dass du das alles für mich getan hast“, antwortete Branko.

„Ach“, spottete sie, „man soll überhaupt nicht so lange über etwas nachdenken. Ich tue einfach immer, was ich muss.“

„Ich denke immer erst nach, bevor ich etwas tue.“

Zora blickte ihn eine Weile nachdenklich an, sodass Branko ganz rot wurde. Dann lächelte sie. „Na, dann denk weiter, aber denk leise. Ich bin müde und will schlafen."

Inzwischen war Dordevic Pavle und Begovic Nicola nachgelaufen. Dordevic täuschte sich aber, wenn er glaubte, dass er Pavle einholen könnte.

Der große Knabe war schneller und gewandter, als er aussah. Er setzte sich mit einer ungemeinen Beharrlichkeit, beinahe wie ein großer Bär, in Trab, sprang über Zäune, setzte über Mauern, und bevor Dordevic durch das nächste Gebüsch gekrochen war, hatte er Pavle schon aus den Augen verloren.

Begovic hatte mehr Glück. Er war Nicola ein paar Schritte nachgegangen, dann legte er sich auf den Boden.

Nein, er konnte nicht mehr, und wenn alle Bürgermeister der Adria und selbst der Bischof von ihm verlangten, diesen Lausejungen wieder einzufangen, hier lag er und hier blieb er liegen, wenigstens so lange, bis er ohne Keuchen weitergehen konnte.

Nicola, der neugierige Kerl, merkte bald, dass ihm Begovic nicht mehr folgte. Er schlich deswegen leise zurück, wohl um sich den fremden Knaben noch einmal anzusehen, der mit Zora gekommen war.

Begovic, der noch immer schnaufte, spitzte die Ohren. Verdammt, da kam doch jemand. Vielleicht hatte er mit seinem Warten mehr Glück als Dordevic mit seinem Rennen.

Er hielt den Atem an und blieb ganz ruhig. Da trat Nicola aus dem nächsten Busch hervor.

„Hab ich dich!" Begovic packte ihn, erst am Arm, dann am Hals. Nicola schrie auf und der gewandte Junge drehte und schlängelte sich wie ein Fisch, aber Begovic hielt fest. Dann setzte er seine Pfeife an die Lippen und pfiff.

Dordevic hörte den Pfiff und blieb stehen. „Aha", dachte er, „Begovic hat einen", und da von seinem Knaben keine Spur mehr zu sehen war, kehrte er wieder um.

Pavle und Duro hörten den Pfiff auch. Duro zischte durch die Zähne, das machte er immer, wenn er ärgerlich war. „Ffft“, klang es. „Sicher“, brummte er, „hat sich Pavle, dieser Trottel, erwischen lassen.“

Pavle dachte das Gleiche. Er dachte es aber von Duro, denn dass jemand Nicola erwischte, war noch nie vorgekommen.

Nicola zappelte noch immer wie ein Fisch im Netz kratzte und spuckte, und Begovic spürte, dass er diesen quicklebendigen Irrwisch nicht mehr lange halten konnte. Er pfiff deswegen wieder.

„Ich komme schon“, rief Dordevic und rannte schneller.

„Ich kann ihn kaum noch halten“, stöhnte Begovic.

„Dann gib ihm doch eins mit dem Knüppel“, rief ihm Dordevic zu.

„Da hast du Recht.“ Begovic griff nach der Stelle, wo sonst sein Knüppel hing, aber weder der Knüppel noch der Revolver noch der Gürtel waren da.

„Um Gottes willen!“ Er stöhnte vor Schreck auf und fasste auch mit der anderen Hand nach unten.

Nicola benutzte den Augenblick und wollte davon, aber diesmal wurde er noch fester gepackt. Dordevic hatte ihn an Hals und Kragen.

„Was schreist du denn?“, fragte er Begovic.

„Mein Knüppel und mein Revolver sind weg.“

Dordevic lachte: „Die hast du schon drüben auf der anderen Seite der Straße verloren. Sei jetzt still, und sehen wir uns lieber unser Vögelchen an.“

Er drehte Nicola herum. „Aber das ist ja gar nicht Branko Babitsch!“

Begovic äugte Nicola auch an: „Jedenfalls ist es der, der ausgerissen ist und den ich fangen sollte.“

„Ich bin nur ausgerissen“, sagte Nicola, der seinen Mut wiedergefunden hatte, „weil Sie plötzlich beide da oben auf der Mauer saßen.“

„So, so“, meinte Dordevic, „und ein Mädchen und einen anderen Burschen hast du nicht gesehen?“

„Doch“, Nicola nickte eifrig, „aber die sind dort hinunter“, und er zeigte nach der Stadt zu.

„Das sagst du jetzt erst.“ Begovic knirschte mit den Zähnen, und da er immer noch saß, ging er nicht, sondern kroch auf Nicola zu.

„Sie haben ja mich und meine Freunde gar nicht danach gefragt“, entschuldigte sich Nicola. „Wenn Sie uns gefragt hätten und nicht einfach von da oben auf uns heruntergesprungen wären, dass wir Angst bekamen, wären wir Ihnen auch nicht davongelaufen. Ja, wir hätten vielleicht die beiden mitgefangen.“

„Was habt ihr denn hier gemacht?“, fragte Begovic streng.

„Das haben Sie doch gesehen“, antwortete Nicola, „wir haben Karten gespielt.“

„Das haben wir“, echoten Duro und Pavle gleichzeitig. Sie waren unterdessen leise näher gekommen, aber sie blieben ungefähr zehn Schritte von den Gendarmen entfernt.

Begovic und Dordevic starrten sie verblüfft an.

Begovic sagte: „Das ist die ganze Bande.“

„Und das Mädchen und Branko sind nicht dabei“, unkte Dordevic.

„Das sehe ich auch.“ Begovic sah Dordevic wütend an, dann rief er den beiden zu: „Kommt einmal näher.“

„So dumm bin ich nicht“, lachte Duro. „Sie können mir, was Sie sagen wollen, auch so sagen.“

„Ich komme auch nicht“, brummte Pavle.

„Ihr habt also hier nur Karten gespielt?“, fragte sie Dordevic.

„Nichts weiter.“ Pavle zog seine Karten aus der Tasche. „Hier sind meine noch.“

„Das ist aber doch das Grundstück von Doktor Skalec“, examinierte sie Dordevic schärfer.

„Ich bin ja sein Neffe“, sagte Duro schlau.

Dordevic lachte. „Nun sag noch, der, den ich habe, ist der Sohn des Kaisers von China und der Große dort ist der Sohn des Sultans von Marokko. Nein, nein, mein Junge, der Neffe von Doktor Skalec, wenn er überhaupt einen hat, sieht nicht wie ein Schwein aus.“

Duro machte ein geziertes Gesicht. „Wir sehen immer so aus, wenn wir Räuber spielen. Gestern hatten wir uns sogar schwarz angemalt, weil wir Neger waren.“

Dordevic überlegte eine Weile und sah dann auf Begovic. „Lass sie laufen“, meinte Begovic, „ob sie nun die Neffen von Doktor Skalec sind oder nicht. Wir wollen ja die rote Zora und Branko Babitsch fangen.“

Dordevic rieb sich sein glattes Kinn. „Ich glaube auch, es ist das Beste. Wenn nämlich einer von der Blase wirklich der Neffe von Doktor Skalec ist, nimmt uns der Bürgermeister doppelt vor. Er ist mit dem Doktor verschwägert und wir haben sowieso nichts zu lachen, wenn wir ohne Branko auf die Wache kommen.“

Er ließ Nicola wieder los, gab ihm aber noch einen Stoß, sodass der Bub erst kopfüber in das Gras fiel, bevor er aufspringen und zu Pavle und Duro rennen konnte.

„Das werde ich aber meinem Onkel sagen“, schimpfte Duro laut.

„Das sagen wir ihm“, wiederholten Pavle und Nicola, und dann ließen sie Begovic und Dordevic stehen und jagten davon.

Es war schon vier, als sie an der Brombeerhecke eintrafen. Pavle schnupperte wie ein Hund. „Sie sind schon da“, sagte er.

„Riechst du das?“, spottete Duro.

„Nein, aber ich sehe es. Die Zweige sind anders gesteckt.“

Sie machten das Loch auf und krochen hinein.

Branko wachte davon auf, dass er eine Stimme „sie

schlafen“ sagen hörte. Er öffnete mühsam die Augen. Da sagte die gleiche Stimme: „Nein, der Junge ist wach.“

Davon wachte auch Zora auf. Sie stützte sich auf ihre braunen Arme, sah die drei an, lachte und fragte: „Seid ihr sie losgeworden?“

„Und wie.“ Nicola erzählte.

Zora lachte noch einige Male. Auch Branko musste lachen. Er konnte sich Begovic ohne seinen Knüppel gar nicht vorstellen.

Dann war es still auf dem kleinen Platz. Nicola musterte Branko und Branko musterte Nicola. Auch Pavle schielte neugierig zu Branko hinüber, nur Duro tat so, als ob Branko nicht da sei.

Zora, die das alles eine Weile verfolgte, sprang auf einmal auf. „Ich habe euch ja noch gar nicht gesagt, wer das ist.“

„Branko heißt er!“, rief Nicola.

„Babitsch“, plapperte Pavle hinterher.

Duro sagte kurz: „Und der Bürgermeister sucht ihn. Er muss also allerhand ausgefressen haben.“

„Woher wisst ihr das schon?“ Zora war erstaunt.

„Begovic und Dordevic haben es erzählt“, sagten die Buben.

„Dann sollt ihr auch wissen, dass er schon im Gefängnis war. Der reiche Karaman hat ihn verhaften lassen. Er hatte einen Fisch aufgehoben und ich habe ihn befreit.“

Pavles Augen wurden groß wie Froschaugen. Nicola machte einen spitzen Mund. Duro zog aufgeregt einen Grashalm durch die Zähne.

Branko bestätigte es. „Ich habe gestern meine Mutter verloren. Ich hatte Hunger. Es war ein kleiner Fisch, den ich aufgehoben habe. Begovic hat mich ins Gefängnis gebracht. Zora hat eine Stange durch das Fensterkreuz geschoben und wir sind geflohen.“ Pavle machte diesmal nur „ah“ und zeigte weiter seine Froschaugen. Nicola sah einmal auf den Jungen und einmal auf Zora. Duro schien wieder ruhiger. Er betrachtete Branko jetzt auch, aber nicht gerade freundlich. „Was soll nun aus dem Jungen werden?“, fragte er.

„Ich möchte ihn in unsere Bande aufnehmen“, antwortete Zora.

„Das wäre fein!“, jauchzte Nicola. „Wir können ruhig fünf sein.“

Pavle hob seinen Kopf. „Ich habe auch nichts dagegen. Einen, den sogar der Bürgermeister sucht, können wir noch gebrauchen.“

Duro sagte nichts. Er schob nur die Lippen vor und starrte weiter auf Branko.

Branko blickte ihn auch an. Das verschmitzte, hinterhältige Gesicht gefiel ihm noch weniger als vorhin.

„Na, und du?“ Zora stieß Duro an.

„Du weißt, dass ich gegen jeden Neuen bin“, sagte Duro. Zora kniff die Augen zusammen und machte ein böses Gesicht. „Wir sind alle dafür.“

„Dann muss er wenigstens erst das Messerspiel probieren. Wenn er das Messerspiel kann, habe ich nichts dagegen.“

„Gut“, sagte Zora und ihr Gesicht erhellte sich wieder.

„Gut“, bestätigten auch Nicola und Pavle.

„Kannst du es überhaupt?“, fragte Zora Branko.

„Ich habe es schon gesehen. Die Zimmerleute und die Matrosen unten am Quai spielen es manchmal.“

Das Mädchen wandte sich an Pavle. „Hast du dein Messer?“ Pavle nickte. „Dann mach es ihm vor. Wenn er es noch nie gemacht hat, gilt immer erst der dritte Wurf.“

Pavle brachte ein großes Messer aus der Tasche, das in einer Lederscheide steckte. Er zog es heraus und prüfte seine Schärfe.

Zora, die ungeduldig war, sagte: „Fang schon an.“

Pavle ließ sich mit den Knien auf den Boden nieder und

Branko musste sich ihm gegenübersetzen. Er hatte das Messer fest in seiner großen Hand und stieß es mit der Spitze nach unten. Das Messer stak bis zum Heft in der Erde.

„Das war Nummer eins“, sagte er, zog das Messer wieder heraus und gab es Branko.

Branko fasste das Messer genauso wie Pavle und ließ es nach unten fallen. Er lächelte. Es stak gleichfalls.

„Freu dich nicht zu früh“, grinste Duro hämisch, „das Erste kann jedes Kind.“

Pavle nahm nun das Messer zwischen den Zeige- und Mittelfinger, und zwar so, dass die Finger mit der Schneide gegen sein Gesicht standen, dann drehte er die Hand blitzschnell um und das Messer sauste wieder bis zum Griff in den Boden.

Diesmal glückte es Branko erst beim zweiten Male. Das Messer saß auch nicht so tief in der Erde, wie es bei Pavle gesessen hatte.

„Nummer drei ist noch schwerer“, sagte Nicola gewichtig.

Pavle hatte das Messer schon wieder. Er legte es so auf seinen Handteller, dass der Hornteil zwischen den Fingerspitzen saß und die Schneide bis über das Handgelenk reichte. Nun warf er es durch ein Hochschnellen der Finger in die Höhe, zog die Hand eilig zurück und das Messer stieß mit der Schneide ins Gras.

Diesmal wog Branko den Dolch erst eine Weile in seiner Hand, bis er es probierte. Er sah dabei scharf auf das Messer, und wirklich, es glückte ihm gleichfalls. Das Messer drang mit der Spitze in den Boden.

Nun machte Pavle noch einmal dasselbe. Nur dass er diesmal das Messer statt auf den Handteller auf den Rücken der Hand legte.

Auch das machte ihm Branko ohne Schwierigkeiten nach.

Die fünfte und sechste Übung waren noch schwieriger

und Branko glückte es bei beiden erst beim dritten Mal, das Messer richtig in die Erde zu stechen. Beide Male lag es umgekehrt in der Hand, der Horngriff in der Handschale und die Schneide zwischen den Fingern. Er musste das Messer auch gegen sich schleudern und die Hand noch schneller zurückziehen.

Zora sah ihm dabei angestrengt zu, auch Duro starrte auf jede Bewegung von Brankos Hand, und dem kleinen Nicola tropfte der Speichel aus dem Mund, so aufgeregt war er.

„Jetzt kommt das Schwierigste“, sagte Pavle.

„Nein“, meinte Nicola. „Das Letzte ist das Schwierigste.“

„Keins ist schwierig“, erklärte Duro verächtlich. „Ich habe alle sofort gekonnt.“

Pavle hatte das Messer jetzt zwischen den Zähnen. Er senkte den Kopf etwas, hob ihn darauf schnell in die Höhe, dass das Messer mit der Schneide nach oben flog und gleich darauf wieder mit der Spitze nach unten sauste.

Zora klatschte in die Hände: „Das macht er immer am besten.“

Pavle war stolz auf das Lob und sein dickes Gesicht verzog sich zu einem Grinsen. „Ich probiere es auch immer wieder“, sagte er.

Branko hatte bis jetzt alles mit Freude nachgemacht, was ihm Pavle zeigte, aber die Messerschneide in den Mund zu nehmen, hatte er Angst.

Duro, der sein Zögern sah, stieß Nicola an. „Er will nicht mehr“, spottete er.

Nicola meinte: „Ich habe es gleich gesagt. Es ist das Schwerste.“

Duro lachte auf. „Er hat einfach Angst.“

Das wollte sich Branko auf keinen Fall sagen lassen. Er hielt das Messer schon zwischen den Lippen, zögerte aber von neuem, und erst als ihn ein ermunternder Blick von Zora traf, schleuderte er es in die Höhe.

Es ging einfacher, als Branko gedacht hatte. Obwohl die Schneide flach auf den Boden fiel. Das zweite Mal ging es schon besser und das dritte Mal stak das Messer so tief wie bei Pavle.

„Bravo!“, sagte Zora laut.

Auch Nicola sagte: „Bravo“ und nickte Branko aufmunternd zu, und Pavle, der das Messer schon wieder herausgezogen hatte, brummte anerkennend: „Es saß wirklich so tief wie bei mir.“

Die letzte Übung schien leichter zu sein. Pavle nahm das Messer zwischen Daumen und Zeigefinger, schleuderte es aber nicht nach vorn, sondern rückwärts. Das heißt, er bog die Hand nach unten und das Messer drehte sich erst, kurz bevor es auf den Boden kam. Branko probierte es, aber die Schneide streifte ihn, als er die Hand nach unten bog, außerdem fiel das Messer platt auf die Erde.

„Du musst es schneller machen.“ Pavle zeigte es ihm wieder.

Branko versuchte es, aber in dem Augenblick, als er das Messer in die Höhe warf, stieß ihn jemand in die Seite. Er drehte sich um. Im gleichen Moment fiel das Messer nach unten, aber nicht in die Erde, sondern auf seine Hand, die er noch aufgestützt hatte. Es drang tief hinein. „Au!“, heulte er auf, schüttelte das Messer ab und wurde weiß im Gesicht. „Au!“, schrie er noch einmal, denn es schmerzte, und wütend sagte er: „Jemand hat mich gestoßen.“ Er drehte sich wieder um. Duro hockte hinter ihm. „Du bist es gewesen!“, schrie er. „Du!“

Duro senkte das Gesicht. „Vielleicht habe ich dich zufällig berührt. Ich wollte aber nur sehen, ob du es richtig machst.“

„Du hast es mit Absicht getan!“, schrie Branko laut und wäre Duro am liebsten mit der blutenden Hand in sein scheinheiliges Gesicht gefahren.

Zora rutschte jetzt herüber. „Zeig her“, sagte sie.

Die Wunde war recht tief und blutete immer mehr.

Zora riss ein Stück Leinen von ihrem Hemd und wickelte es um Brankos Hand. „So“, tröstete sie ihn, „nun halte die Hand hoch. Es wird schon wieder aufhören.“

Branko tat es, aber das Blut drang durch das Leinen und rann den Arm hinab.

„Ich weiß etwas Besseres“, sagte Pavle. „Wenigstens hat es unser Schäfer immer so gemacht.“

„Was denn?“, fragte Branko.

Pavle kratzte Sand zusammen, ließ sein Wasser darauf und drückte den nassen Sand auf die Wunde. Jetzt hörte es sofort auf zu bluten. „Siehst du, es hilft“, und ein Strahlen lief über Pavles gutmütiges Hundegesicht. „Nun kratz es wieder ab und Zora kann ihren Lappen aufs neue darumbinden.“

Sie machte es noch sorgfältiger als das erste Mal. „Tut es noch weh?“, fragte sie dabei. Branko schüttelte den Kopf. „Es brennt nur.“

Sie saßen einen Augenblick still zusammen. Plötzlich sagte Duro: „Nun gehört er also nicht zu unserer Bande?“

„Warum nicht?“ Zora schoss herum und auch Pavle und Nicola sahen Duro erstaunt an.

„Die letzte Übung hat er ja nicht fertig gebracht.“

„Weil du mich gestoßen hast!“, begehrte Branko wieder auf.

„Ich habe dir ja schon gesagt, ich habe es nicht mit Absicht getan, und selbst wenn ich es mit Absicht getan hätte, das bleibt bestehen, das Messer saß nicht im Boden, sondern in deiner Hand.“

„Es war ja erst das zweite Mal“, sagte Pavle ruhig. „Branko kann es noch ein drittes Mal probieren.“

„Wenn er Mut dazu hat“, sagte Duro ironisch.

Branko wurde immer wütender. „Den habe ich schon. Gebt mir das Messer noch einmal.“

Pavle kramte es wieder aus der Tasche und gab es ihm.

Tatsächlich, es glückte; obwohl Branko die Hand zitterte, drehte sich das Messer in der Luft und stach in den Boden.

„Nun gehörst du wirklich zu uns." Zora sah ihm stolz in die Augen. Nicola zwinkerte ihm nur zu. Pavle gab ihm die Hand. „Du bist ein tapferer Kerl", sagte er und drückte Brankos Hand mit seinen festen Fingern, dass dem armen Branko fast wieder übel wurde. Zora stieß Duro in die Seite. „Willst du ihm nicht auch die Hand geben?"

„Nein." Duro schüttelte den Kopf.

„Du freust dich also auch nicht, dass wir Branko in unsere Bande aufgenommen haben?"

Duro schüttelte wieder den Kopf.

Nun, dachte Branko, der ist wenigstens ehrlich, und er wusste, er hatte heute drei neue Freunde, aber auch einen Feind gewonnen, nach der Sache mit dem Messer zu urteilen, sogar einen sehr gefährlichen.

Zora sah noch immer auf Duro. „Wir sprechen später noch darüber", sagte sie, „kommt jetzt."

Nicola und Pavle krochen schon in den Gang, Duro folgte und hinter ihnen kroch Zora.

Bevor das Mädchen ganz in den Gang verschwand, drehte sie sich noch einmal um. „Freust du dich wenigstens, Branko?"

Branko nickte. „Ich freue mich."

Zora strich sich ihre rote Mähne aus dem Gesicht. „Ich freue mich auch."

Pavle wartete, bis alle aus dem Gesträuch heraus waren. dann machte er den Gang sorgfältig wieder zu. Die anderen waren inzwischen den Hügel hinabgelaufen. Es ging immer im Trab. Zora lief an der Spitze. Branko spürte seine Beine wieder, ihm war auch noch schwindlig von dem Schmerz in der Hand. Er wollte es Nicola, der vor ihm rannte, schon sagen, da blieb Zora stehen, äugte nach allen Seiten, ob niemand sie sah, und kroch in ein Ginstergebüsch.

Duro war schon darin verschwunden. Nicola auch. Branko folgte zögernd, da sah er Zora vor einem Loch stehen, das von dem Ginster verdeckt wurde.

„Wo gehen wir denn hin?“, fragte Branko.

Sie legte die Hand auf den Mund, zeigte dann auf das Loch und sagte leise: „Hier hinein.“

Es war stockdunkel in der Höhle. Branko musste auf allen vieren kriechen. Die Höhle war nicht sehr hoch. Überall lagen Steine und Scherben. Die Knie schmerzten ihm schon und auch die Hände taten ihm weh. Manchmal wuchs eine Mauer vor ihm auf und er dachte, die Höhle, die sich mit der Zeit zu einem Gang verengte, sei zu Ende.

„Kriech weiter!“, zischte dann Zora hinter ihm, „kriech weiter!“, und wirklich, der Gang machte nur einen Bogen. Er war noch immer nicht zu Ende.

Die Bande der roten Zora kämpft gemeinsam ums Überleben und findet nach vielen Abenteuern schließlich einen Freund und entscheidenden Helfer in dem alten Fischer Gorian.

Marion Dane Bauer: Der Angst hat, bist doch du

„. . . vor zwölf Jahren innerhalb derselben Woche auf den gegenüberliegenden Seiten derselben Straße geboren", sind Joel Bates und Tony Zabrinsky schon früh Freunde geworden. Ständige Herausforderungen des Mutigen gegenüber dem Vorsichtigen scheinen die Freundschaft der beiden nur noch zu vertiefen. Als Toni eines Tages die Idee hat, die Todesfelsen am nahe gelegenen Nationalpark hochzuklettern, vergisst er nicht hinzuzufügen: „Du brauchst nicht zu klettern, wenn du Schiss hast." Auf der Fahrradtour zur Felskletterei ist es wiederum Tony, der Joel überredet, im Vermillion zu baden. Erstmals setzt sich Joel mit den Mitteln Tonys zur Wehr: „Du bist doch der, der Angst hat . . ." und fordert ihn in einer Wette auf, zu einer Sandbank zu schwimmen.

Im Vermillion baden! So eine verrückte Idee! Vielleicht noch verrückter als in den Felsen zu klettern. Joel schüttelte den Kopf, als er Tonys Rad neben sein eigenes legte. Dann lief er den Abhang hinunter.

„Siehst du jetzt, was ich meine?", sagte Joel, als er bei Tony am Flussufer angekommen war. „Total dreckig. Und, das Schlimmste an der Sache – die Chemikalien und Abwässer kann man nicht mal sehen."

Tony nahm keine Notiz von ihm und zog Jeans und Unterzeug aus. Sein T-Shirt hatte er bereits fallen gelassen und die Turnschuhe in die Gegend geschleudert.

„Ganz schön nass, was?", sagte er

„Habe ich ja gesagt", antwortete Joel. „Wie euer Lokus."

Tony tat einen Schritt in den Fluss hinein. Das schmutzige Wasser schwappte über seine Füße und ließ sie vollständig verschwinden. Er wandte sich zu Joel um und grinste.

„Zu wenig Wasser in meinem Lokus. Ich hab's mal ausprobiert."

„Kann ich mir vorstellen", erwiderte Joel. Eigentlich wollte er mürrisch klingen, aber er merkte, wie ein Lächeln in ihm aufstieg.

„Kommst du rein?“, rief Tony, als das Wasser um seine Knie quirlte.

„Ich warte, bis du absäufst“, antwortete Joel. „Ich will mir das ansehen, damit ich hinterher deinen Leuten Bescheid sagen kann.“

„Bring es ihnen schonend bei“, warf Tony zurück.

„Deine Mutter braucht nicht mit dem Abendbrot zu warten“, gab Joel zur Antwort.

Dann lachten beide, und als das Lachen verebbt war, sagte Tony: „Was ist, kommst du nun rein, oder willst du weiter da rumstehen und gaffen?“

„Wer gafft denn?“ Joel zog sich mit Hilfe der großen Zehen die Turnschuhe aus. „Was gibt es an dir schon zu sehen?“

Das Wasser war genau richtig, kühl genug, um anfangs eine kleine Gänsehaut zu erzeugen, aber nicht so kalt, dass man erstarrte.

Das strudelnde Wasser um Joels Beine war wie eine erfrischende Massage. Vorher hatte er sich gar nicht klargemacht, wie stark die Strömung war. Von der Brücke aus schien das Wasser sich kaum zu bewegen.

„Pass auf die Strömung auf“, rief er Tony zu, der ein paar Meter von ihm entfernt flussabwärts stand.

„Aaah!“, schrie Tony und griff sich mit beiden Händen an die Kehle. „Die Strömung! Sie hat mich erwischt. Sie zieht mich nach unten. Sie verschlingt mich!“

Jammernd ließ er sich nach hinten sinken. Sein Kopf verschwand im schäumenden Wasser, das er aufgewühlt hatte.

Joel blieb dort stehen, wo er war und wartete. Als Tony wieder auftauchte, kam er ihm wie ein urzeitliches Monster vor, das sich aus einem Sumpf erhebt: das Wasser rann ihm vom Gesicht, die Arme hingen herunter und der Kopf war nach vorn gebeugt.

„Mensch, komm“, sagte Joel. „Wenn wir tatsächlich schwimmen wollen, dann lass uns lieber ins Freibad fahren. Da ist es besser.“

Tony richtete sich auf. „Wieso? Das macht doch Spaß hier!“

„Aber im Freibad gibt es eine Rutsche. Und noch andere Jungen.“

„Wozu denn eine Rutsche . . . wozu denn andere Jungen?“, erwiderte Tony. „Ist doch Quatsch! Ich schwimme jetzt!“

Kopfüber stürzte er sich ins Wasser und schlug wild mit den Armen um sich.

„Sieht nicht mal so aus, als ob du's wenigstens könntest“, murmelte Joel in sich hinein, aber dann schob er den Gedanken beiseite. Das schien ihm ungerecht Tony gegenüber. Tony fuhr ab und zu mit ihm ins Freibad und dort tat er die gleichen Dinge wie alle anderen auch. Die meiste Zeit verbrachten sie damit, von der Rutsche ins flache Wasser zu sausen oder sich gegenseitig zu bespritzen.

Langsam tastete sich Joel tiefer ins Wasser und machte ein paar Hundepaddelzüge. Sein Gesicht mochte er nicht nach unten nehmen, wie er es sonst beim Schwimmen tat. Die künstliche blaue Farbe und der stechende Chlorgeruch waren ihm schon zuwider. Der Fluss roch nach verfaultem Fisch.

„Vielleicht sollten wir jeden Tag hierher kommen, zum Training. Nächstes Jahr gehören wir dann auch zum Schwimmteam der Schule“, sagte Tony.

Joel gab seine Schwimmversuche auf und stellte sich hin. „Wir werden todsicher erwischt, wenn wir hier jeden Tag schwimmen.“

„Wer soll uns denn sehen?“, fragte Tony.

„Weiß nicht, irgendjemand. Braucht nur einer über die Brücke zu fahren.“

Joel schaute zur Brücke hoch, aber es waren keine Autos zu sehen.

Tony schüttelte den Kopf. „Ehrlich, Bates, manchmal redest du wie dein alter Herr."

Joel fühlte sein Gesicht heiß werden. „Na und?"

„Sei vorsichtig auf dem Baum, mein Sohn", ahmte Tony Joels Vater nach. „Du könntest dir weh tun. Pass auf Bobby auf, wenn er über die Straße geht. Die Autofahrer achten nie . . ."

Während Tony noch redete, war Joel näher gekommen und hatte ihm einen kräftigen Stoß versetzt. Tony hatte das längst erwartet und machte nicht einmal einen Schritt zum Ausweichen. Er konterte ebenfalls mit einem Stoß.

Joel fuchtelte mit den Armen um das Gleichgewicht nicht zu verlieren und spürte den ganzen aufgestauten Ärger, der sich seit dem Morgen schon in ihm breit gemacht hatte. Welches Recht nahm sich Tony, seinen Vater so lächerlich zu machen?

„Immerhin läuft mein Vater nicht rum und prügelt Kinder mit dem Gürtel", sagte er, während er noch näher an Tony herankam und die Fäuste ballte.

Um Tonys Mund breitete sich Blässe aus und im selben Augenblick tat es Joel leid, dass er auf Tonys Vater herumgehackt hatte. Er war sich nicht sicher, ob Mr. Zabrinsky tatsächlich je Tony mit dem Gürtel geschlagen hatte. Einmal hatte er gesehen, wie Mr. Zabrinsky hinter Tony herlief, mit einer Hand seinen Gürtel langsam aus den Schlaufen zog und mit der anderen seine Hose festhielt. Eigentlich fand Joel das damals eher komisch ... wenn auch auf eine beängstigende Weise.

Tony holte zu einem weiteren Schlag gegen Joels Kopf aus. Aber Joel konnte sich leicht wegducken. Tony war zwar größer und schwerer als er, dafür aber langsamer.

Wutschnaubend standen sie sich für einen Moment mit erhobenen Fäusten gegenüber. Dann drehte sich Tony weg und fing an sich in Richtung Flussufer vorzuarbeiten.

„Wo willst du hin?", fragte Joel.

„Zu den Todesfelsen", kam die Antwort. „Ich klettere die Steilwand hoch . . . ich allein."

Joels Herz sank in die Kniekehlen. Auf keinen Fall wollte er allein in die Stadt zurückfahren und genauso wenig wollte er, dass Tony allein in den Felsen kletterte.

„He, Tony, was soll das?", flehte Joel. „Wir können doch hier bleiben. Macht doch Spaß."

„Schwimmen im Lokus", gab Tony zurück, ohne sich umzusehen.

Joel antwortete mit dem ersten Gedanken, der ihm durch den Kopf schoss: „Lokus ist nicht das Schlechteste . . ." Und um Tony zu beweisen, dass er es auch so meinte, tauchte er kopfüber ins Wasser. Er tat ein paar Züge und als er sich wieder aufrichtete, stand er direkt vor Tony.

Tony grummelte. Er sah immer noch ziemlich sauer aus. „Du sagst das nur, weil du Angst vorm Klettern hast."

Wieder flackerte dieser Ärger auf.

„Wer hat hier Angst?", wollte Joel wissen. „Du bist doch der, der Angst hat. Wetten, du würdest nicht mal . . ." – er zögerte und suchte nach etwas, womit er Tony herausfordern konnte, etwas, das für ihn selbst keine große Sache war – „. . . du würdest nicht mal zur Sandbank schwimmen?" Er deutete auf eine schmale, dunkle Sandinsel, die sich in ungefähr dreißig Meter Entfernung aus dem Fluss erhob.

Tony kniff die Augen zu einem schmalen Spalt zusammen und starrte in die Richtung, in die Joel zeigte.

„Warum soll ich davor Angst haben?", meinte er verächtlich. „Ich wette, tiefer wird der Fluss bis dahin nicht." Das Wasser teilte sich an Tonys Taille zu einem scharfen V.

„An vielen Stellen ist er tiefer als hier, das kannst du aber glauben", sagte Joel. „Flüsse haben immer Untiefen. Deshalb sind sie so gefährlich."

„Ich hätte nicht mal Angst, wenn er zehn Meter tief wäre."

Joel kam näher. „Du schwimmst mit rüber?"

Tonys Kinn schnellte in die Höhe. „Na klar. Außer, du bist ein zu großer Angsthase."

„Werden wir ja sehen, wer hier der Angsthase ist", sagte Joel.

Joel stieß sich ab. Ein paar Schwimmzüge, ein paar Paddelzüge, dann nahm er doch sein Gesicht nach unten um richtig schwimmen zu können. Allerdings hielt er die Augen unter Wasser geschlossen. Nach jeweils ein paar Zügen hob er den Kopf, schaute zur Sandbank hinüber und richtete sich wieder aus. Die Strömung drückte ihn flussabwärts, und wenn er nicht aufpasste, würde er die Sandbank verfehlen.

Er konnte Tony hinter sich hören, wild um sich spritzend und keuchend und wasserspuckend und mit den Armen fuchtelnd. Er wunderte sich, warum ihm nie aufgefallen war, was für ein schlechter Schwimmer Tony war.

Einen Augenblick lang berührte Joel mit den Füßen den Grund um Atem zu schöpfen, spähte zurück zum Flussufer, wischte das Wasser aus dem Gesicht und versuchte nicht daran zu denken, wie dreckig es war. Prustend und aufgeregt stand Tony hinter ihm und Joel sah ihm ins Gesicht.

„Wenn du nicht besser schwimmst als eben, klappt das nie mit dem Schwimmteam nächstes Jahr."

Tonys Brustkorb hob und senkte sich. Er rang nach Atem, als sei er mehrere Kilometer geschwommen. „Deswegen will ich ja jeden Tag trainieren. Mit dir. Ich werde besser. Wir werden beide besser."

„Und wie wär's mit dem Training im Freibad?", fragte Joel. Wie oft, kam er sich jetzt wieder vernünftiger und irgendwie älter vor als Tony. „Dort ist es sauberer und wir kriegen keinen Ärger, wenn wir dahin fahren.“

„Und warum nicht gleich mitten auf der Hauptstraße trainieren?“, antwortete Tony. „Da kann uns dann gleich jeder sehen.“ Er atmete immer noch heftig.

„Was macht das denn aus, ob man uns sehen kann oder nicht?“

„Mensch, bist du blöd! Willst du, dass Rundle und Schmitt merken, was wir machen? Wenn sie das sehen, werden sie auch versuchen ins Schwimmteam zu kommen.“

„Dann lass sie doch. Wem macht das schon was aus?“

Joel verstand nicht, was hier gespielt wurde. Das sah Tony gar nicht ähnlich. Der war immer schnell jedermanns Freund. So sehr, dass Joel manchmal, ohne es zu wollen, ein bisschen eifersüchtig wurde, weil er Tony für sich allein haben wollte.

Vielleicht wusste Tony, dass er nicht besonders gut schwimmen konnte, und das war ihm peinlich. Wahrscheinlich hatte er nie Schwimmunterricht bei den Pfadfindern gehabt wie die meisten Kinder. Und das Letzte, wozu Tony sich auf dieser Welt bereitgefunden hätte, wäre zuzugeben, dass es etwas gab, was er nicht konnte.

Joel erinnerte sich noch an die Geschichte, bei der Tony behauptet hatte, Fachmann im Drachenfliegen zu sein. Er war oben aus seinem Fenster gesprungen, ein Bettlaken an Hand- und Fußgelenken befestigt. Hinterher hatte Tony gemeint, der Grund, weshalb es nicht geklappt hatte, sei der gewesen, dass er nicht aus genügender Höhe abgesprungen war. Der Arzt hatte gemeint, Tony könne von Glück reden, dass er mit einem gebrochenen Arm davongekommen war.

„Was ist?“, stichelte Tony. „Du hast gesagt, bis zur Sandbank. Gibst du auf?“

„Bist du sicher, du packst das?“

Joel musterte fachmännisch den Brustkorb seines Freundes, der sich immer noch schwach senkte und hob. „Du siehst ziemlich geschafft aus."

Tony versetzte ihm einen Stoß, der ihn fast das Gleichgewicht kostete.

„Schwimm", befahl Tony und Joel stürzte sich ins Wasser und schwamm. Tony startete neben ihm, fiel aber sofort zurück. Joel konnte ihn hören. Er schnaubte und keuchte wie ein Wal.

Gar nicht so übel, sagte Joel zu sich selbst, als er seinen Rhythmus gefunden und den Winkel herausbekommen hatte, der es ihm möglich machte, gegen die Strömung zu halten. Tony hatte vielleicht Recht. Dieses Flussschwimmen war eine gute Übung. Jetzt, wo sein Vater sich dazu durchgerungen hatte, ihm ein bisschen Freiheit zu gewähren, weil er alt genug war . . .

Er versuchte sich auf die Seite zu legen. So konnte er besser sehen, wohin er schwamm und abschätzen, wie weit es noch war. Ob Tony hinter ihm herkam, konnte er nicht sehen, aber das war auch nicht nötig, denn Tony hörte sich an wie ein Schaufelraddampfer.

Nur noch wenige Meter. Joel berührte sekundenlang mit den Zehenspitzen den Grund um nach vorne zu schauen. Das Wasser schäumte und strudelte um die Sandbank, als wäre es dort in größerer Eile als anderswo. Er nahm den Kopf nach unten und begann zu kraulen, während er flussaufwärts die Strömung schnitt. Jedesmal, wenn er den Kopf wendete, schnappte er nach Luft. Aber er war nicht wirklich am Ende seiner Kräfte. Ein bisschen nervös, na gut. Im Schwimmbad war immer der Rand in der Nähe, etwas, an dem man sich festhalten konnte. Trotzdem, er war ein ganz ordentlicher Schwimmer und konnte sich mit vielen messen. Es war durchaus denkbar, dass er bis zum Herbst ins Schwimmteam aufgenommen würde.

Auf die Idee, im Fluss zu trainieren, hätte er selbst kommen können. Nicht schlecht! Tony steckte voller guter Einfälle. Wenn sie beide an der Sandbank waren, wollte er sich entschuldigen, wollte Tony sagen, dass es ihm leid tat, was er von seinem Vater behauptet hatte. Und er wollte ihn auch dafür um Verzeihung bitten, dass er gemeint hatte, Tony hätte Angst diese kurze Strecke zu schwimmen.

„Geschafft!", rief er, als seine Hand kurz vor der Sandbank über den Grund schrappte. Er stellte sich hin. „Und außerdem habe ich dich geschlagen!"

Es kam keine Antwort. Joel wandte sich um.

Hinter ihm zog der Fluss dahin, ruhig und glitzernd, rötlich-braun. Aber von Tony keine Spur. Als wäre er ganz allein hier im Fluss.

Ungeduldig kämpfte er sich zurück durch das Wasser, so, als würde er von einer Menschenmenge zurückgehalten.

„Tony!", schrie er. „Wo bist du?"

Ein schwaches Echo seiner eigenen Stimme, hoch wie das ausdruckslose Maunzen einer Katze, wurde von den Felsen zurückgeworfen, aber sonst kam keine Antwort. Joel versuchte weiter, gegen die Wasserwand anzugehen.

Vielleicht war Tony umgekehrt, versteckte sich womöglich irgendwo zwischen den Sträuchern an der Uferböschung, beobachtete ihn, wartete nur darauf, dass er ihm auf den Leim ging.

„Schon gut, Tony Zabrinsky. Ich kenne deine Tricks. Komm raus, wo du auch steckst!"

Kein Laut, nicht einmal ein Kichern aus den Büschen oder ein Rascheln.

„Tony, du Hundesohn, wehe, du bringst meine Sachen durcheinander . . ."

Aber er konnte seine Anziehsachen sehen. Sie lagen noch genauso geordnet, wie er sie zurückgelassen hatte.

Sein rotes T-Shirt kennzeichnete die Stelle.

„Tony!"

Stoßweise bewegte er sich jetzt vorwärts, rang nach

Luft, glaubte nicht, was er sah. Tony musste sich versteckt haben. Er musste dort am Ufer sein . . . sich still eins ins Fäustchen lachen . . . Eine andere Möglichkeit gab es doch nicht.

Auf einmal verlor Joel den Boden unter den Füßen. Wie durch ein schwarzes Loch im Weltraum stieß er in den Abgrund, und während er sich wieder zur Wasseroberfläche kämpfte, verstand er alles.

Tony konnte nicht schwimmen. Nicht richtig schwimmen . . .

Tony war untergegangen.

Tony bleibt für immer verschwunden. Joels Versuch, diese Tatsache und ihre Folgen überhaupt zu erfassen, die quälenden Nachfragen der Eltern zu Hause, das Problem der eigenen Schuld, davon handelt der dem Auszug folgende Text.

Liselotte Welskopf-Henrich: Harka

Der 12-jährige Harka, Sohn des Dakota-Häuptlings Mattotaupa, erlebt schon sehr bewusst die Probleme seines Stammes mit: die kriegerischen Auseinandersetzungen mit anderen Indianerstämmen, die Verhandlungen mit den Weißen, die im Besitz der tödlichen Mazzawaken (Gewehre) sind und die auf die Goldfunde der Dakota aus sind. Ihn beunruhigen die Spannungen zwischen dem Zaubermann Hawandschita und seinem Vater, dem Häuptling. Die Stimmung im Dorf ist erregt, als der alte Zaubermann von einer Reise zurückkehrt und die Ankunft des Häuptlings aller Dakota-Stämme, Tatanka-yotanka, ankündigt.
Während seiner Abwesenheit hat ein Grizzly das Dorf überfallen, ein weißer Maler, Gast im Dorf, hat den Bären gemalt, und die Jugendlichen des Dorfes haben das Leinwandbild zerschossen, damit aber nach Meinung vieler den Bärengeist erzürnt. Nun wartet man auf Nachricht von den zwei Gruppen, die getrennt zur Jagd auf den Grizzly aufgebrochen sind.

Um die Mittagszeit des folgenden Tages wurde das Dorf aufgestört. Alter Rabe, der den Bruder Mattotaupas begleitet hatte, sprengte auf einem schweißnassen Pferd herbei. Seine Rufe, die er ausstieß, und das Geräusch des Galopps zogen alle aus den Zelten und vom Bache, vom Dorfplatz und der umgebenden Prärie herbei.

Als der Reiter den Rand des Gehölzes erreichte und absprang, verhießen seine Mienen nichts Gutes.

„Gefiederter Pfeil ist tot“, schrie er. „Zerfleischt von dem furchtbaren Bären! Wehe, wehe!“

Die Zuhörer blieben regungslos, als habe die Nachricht sie gelähmt. Als Erster trat dann Fremde Muschel, der groß gewachsene Afrikaner, aus der Menge hervor. „Wie ist das geschehen? Sprich!“

Der Krieger sah sich um. „Wo ist Hawandschita?“

„Im Zauberzelt“, erwiderte Fremde Muschel.

„Ihn will ich zuerst sprechen!“

Tschetan nahm den Wunsch auf und ging um Hawandschita zu verständigen. Nach kurzer Zeit kehrte er zurück. „Der Geheimnismann will niemand anhören“, teilte er mit. „Der Bärengeist zürnt, sagt er.“

Die Zuhörer waren von neuem erschreckt und entschlusslos. Auch Harka konnte sich der lähmenden Stimmung nicht entziehen.

Endlich raffte sich Fremde Muschel wieder auf. „Wo ist dein Gefährte?“, fragte er den Alten Raben.

„Er hat die Reste des Getöteten in seine Decke gewickelt und kehrt auf dem gleichen Weg wie ich, nur langsamer, zurück.“

„So reiten wir ihm entgegen!“

„Hau, reiten wir ihm entgegen!“

Alle anwesenden Männer, Burschen und Jungen rannten zu ihren Pferden, machten sie los und galoppierten dann in langer Reihe, einer hinter dem anderen, hinter dem Alten Raben her, der sich ein anderes, frisches Pferd genommen hatte. Es dauerte nicht allzu lange, bis sie auf den jungen Krieger Antilopensohn trafen, der den Toten auf seinem Pferd mit sich führte.

Ein allgemeines Klagegeschrei und Racherufe gegen den unersättlichen Bären empfingen ihn. Die Männer, Burschen und Jungen auf ihren Pferden bildeten einen Kreis und mit lauter Stimme berichtete der junge Krieger, der den Toten mit sich führte:

„Hört, Krieger der Bärenbande vom Stamme der Oglala bei den großen Stämmen der Dakota! Gefiederter Pfeil, Mattotaupas Bruder, ist tot! Das ist so geschehen: Wir waren weit nach Süden geritten, immer in dem Gebiet, in dem wir die große Büffelherde gefunden und gejagt hatten. Ihr wisst, das Fleisch einiger sehr alter Büffel haben wir liegen lassen. Auch Kälber sind zurückgeblieben. Die Raubtiere hatten ihre Mahlzeit. Wir fanden auch Bärenspuren, Spuren großer Tatzen. Ja, das musste unser Bär sein, der große Graue! Wir waren voll Erregung. Die Spuren waren nur einen halben Tag alt. Aber wir konnten das Tier bis zum einbrechenden Abend nicht entdecken. Da lagerten wir uns auf einem Hügel und machten ein großes Feuer an. Feuer schrecken die Raubtiere ab und vor den Pani hatten wir keine Angst, denn wir haben nicht eine einzige Spur von ihnen gefunden und nirgends Rauch ihrer Zelte gerochen. Wir beschlossen uns in der Nachtwache abzuwechseln. Immer einer von uns sollte Wache halten. Um Mitternacht hatte Gefiederter Pfeil die Wache. Wir beide, die ihr hier lebend seht, schliefen um diese Stunde fest. Auf einmal erwachten wir durch einen markerschütternden Schreckensschrei und die Unruhe unserer Pferde. Mein Gefährte blieb bei den Tieren. Ich aber eilte, den Speer in der Hand, nach dem Wiesental, aus dem der Schrei erklungen war. Ich brüllte laut. Als ich näher kam, sah ich einen Bären entfliehen. Ich warf den Speer nach ihm, aber ich traf ihn nicht. Ich verschoss meine Pfeile nach ihm, aber ich traf nur den linken Hinterschenkel. Der Bär entkam mir. Als ich es aufgab, nach ihm zu schießen, sah ich mich nach Gefiedertem Pfeil um. Er lag zerfleischt im Grase. Sicher hatte er als Wache den Bären bemerkt, der sich näherte. Er strebte seinem Traume gemäß nach dem Ruhm, ihn allein zu töten, und weckte uns nicht. Aber nicht er konnte den Bären töten, der Bär tötete ihn!“

Neue Klagerufe beantworteten diesen Bericht. Dann wendeten alle die Pferde und der traurige Zug ging zu den Zelten zurück. Wieder erschallte bei den Tipi der Bärenbande die Nacht hindurch die Totenklage. Hawandschita aber kam nicht aus seinem Zelt heraus.

Die Krieger begaben sich auf die Kuppe des Sandhügels, der die beste Aussicht bot. Sie hatten die Signaltrommel bei sich und trommelten Stunde um Stunde, um den Häuptling Mattotaupa zu den Zelten zurückzurufen.

Einen Tag später kehrte er endlich heim.

Harka, Harpstennah und Kraushaar, die vom Morgengrauen bis zum Abend ausspähten, entdeckten die Heimkehrenden ebenso schnell wie die Krieger. Sie stürzten zu ihren Pferden, sprangen auf und galoppierten dem Häuptling und seinen Begleitern entgegen. Harka führte auf seinem Büffelpferde, Harpstennah folgte auf dem Schecken, den Beschluss der Reiter machte Kraushaar. Harka, weit voran, erreichte als Erster den Vater und seine Schar.

„Hi-je-he! Hi-je-he!“, schrien die Jungen als Begrüßungsruf. Der Häuptling war unversehrt. Stolz, strahlend saß er auf seinem Pferde, über dessen Kruppe zwei Braunbärfelle und drei Hermelinfelle hingen. Er hatte gute Beute gemacht, wenn es ihm auch nicht geglückt war, einen Grizzly aufzuspüren. Auch seine Begleiter, Langspeer, Alte Antilope und der vierte Krieger, waren nicht leer ausgegangen. Langspeer war es gelungen, einen Adler abzuschießen, dessen Schwanzfedern er Mattotaupa als Dank für seine Gastfreundschaft schenken wollte.

So wandelte sich der Kummer der Jungen zu Freude und Zuversicht. Mattotaupa, der große Jäger, kehrte glücklich mit seiner Schar heim.

Die Nachricht verbreitete sich mit Windeseile bei allen Zelten; alles, was laufen konnte, kam hervor um den Häuptling zu sehen und zu begrüßen. Nur Hawandschita blieb auch jetzt noch in seinem Zauberzelte verborgen.

Mattotaupa hatte schon im Heranreiten den Toten auf einer der südlich des Dorfes sich hinziehenden Bodenwellen gesehen, den in die Lederdecke eingeschnürten Toten, der die Erde nicht mehr berühren durfte. Als er bei den Zelten ankam, fragte er die, die ihn empfangen hatten, wer der Tote sei. Er erfuhr, dass der Bär, den er nicht gefunden hatte, seinen Bruder getötet hatte.

Fast eine Minute lang herrschte vollständige Stille. Die Freude war aus dem Antlitz des Häuptlings gewichen und tiefe Trauer stand jetzt darauf geschrieben. Langsam, im Schritt, trieb er sein Tier zu der Anhöhe hinauf. Dort hielt er und neben ihm hielt Harka, von der ganzen begleitenden Schar dem Vater am nächsten. Der Himmel breitete sich in verblassendem Blau über die Prärie, der Wind wehte steif und fuhr Menschen und Pferden in die Haare. Die Sonnenstrahlen drangen von dem sinkenden Glutball ausgehend noch über das ganze Land bis zum fernen östlichen Horizont. Wie ein Herrscher in seinem Reich, so hielt der große Jäger auf seinem Pferd, von der Anhöhe die unendlichen Wiesen, Bäche und Hügelwellen überschauend.

„Bruder!“, sprach er feierlich. „Der große Graue hat dich getötet, aber meine Hand wird dich rächen! Diese meine Hand wird dich rächen und dieses mein Messer“ – Mattotaupa hob die lange spitze Klinge in die Höhe – „dieses Messer soll den großen Grauen ins Herz treffen, damit du gerächt bist, mein Bruder! Niemand anders soll sich in Gefahr begeben, niemand außer dem Zelte Mattotaupas! Ich habe gesprochen, hau!“

Nach diesem letzten Wort, das so gut wie ein Schwur galt, schwiegen die Männer lange. Mattotaupa schaute nach der Totenstätte und der Prärie. Alle wussten, dass sein Entschluss unabänderlich war.

Langsam, wie die Schar gekommen war, ritt sie auch mit ihrem Häuptling wieder den Hügel hinab und zu den Zelten zurück. Mattotaupa begab sich in sein Tipi, begleitet von Langspeer.

Die Mahlzeit wurde von den Frauen am Feuer bereitet, die Pfeifen und Zigarren wurden geraucht. Das Gespräch wollte nicht in Gang kommen. Nur mit ein paar hingeworfenen Fetzen verständigten sich Mattotaupa und seine Gäste über alles, was geschehen war.

Als es Zeit zum Schlafen schien, rief Mattotaupa noch Harka heran.

„Harka Steinhart Nachtauge Wolfstöter! Hör mich an! Du brauchst meinen Worten, die ich jetzt zu dir sprechen werde, nicht zu folgen. Was ich dir sage, musst du selbst erwägen und du magst dann frei deine Antwort sagen! Sobald der Morgen graut, ziehe ich gegen diesen Bären aus, der meinen Bruder zerfleischt hat. Mit diesem Messer in der Hand will ich ihn töten! Niemand, der nicht dem Zelte Mattotaupas angehört, soll an dieser Rache teilnehmen. Nun frage ich dich, obgleich du erst den zwölften Sommer siehst, willst du mit mir kommen?“ Der Häuptling sah seinen Sohn prüfend an. Er blickte nicht nach Schonka hin, der im Zelthintergrunde bei Harpstennah saß.

„Ich komme mit dir, Vater“, antwortete Harka fest und ohne jedes Zögern.

„Du fürchtest dich nicht vor den Tatzen des Bären?“

„Nein, Vater“, antwortete Harka, „mit dir zusammen fürchte ich mich nicht.“

„Du fürchtest dich nicht vor dem Bärengeiste?“

„Nein, Vater“, antwortete Harka, auch jetzt mit fester Stimme. Aber er war blass geworden.

„So wirst du morgen mit mir kommen, Harka Steinhart.“

„Ich komme mit“, wiederholte Harka.

Dann ging der Junge zu seiner Schlafstatt nahe des Zelteingangs. Er legte sich hin und schlief sogleich fest. Alles war so klar, so einfach und sicher, seitdem der Vater zurückgekehrt war. Mattotaupa hatte große Beute gemacht, er würde den Bären besiegen und seinen Bruder rächen. Harka aber durfte ihm dabei helfen. Alles war gut so, hau.

Als die Nacht wich und die Kraft des Sonnenlichts alle Farben wieder zum Leben erweckte, war auch das Dorf der Bärenbande schon lebendig. Niemand schloss sich davon aus, den Häuptling Mattotaupa und seinen Sohn Harka bis zum Rande des Gehölzes oder noch ein Stück in die Prärie hinaus zu begleiten. Mit lauten aufmunternden Rufen umschwärmten die Burschen und Knaben die beiden Ausziehenden.

Mattotaupa hatte sich auf seine Weise zum Kampf gerüstet. Er trug nur die Leggings und Mokassins. Sein Oberkörper war nackt, glatt, eingefettet. Sein Gesicht war mit roter Farbe bemalt, der Farbe des Blutes, des Lebens und des Kampfes. Weder Speer noch Bogen hatte er bei sich, nur das Messer. Harka führte sein Messer und die elastische Keule mit sich. Er folgte auf seinem Büffelpferd in der Spur des Vaters.

Die beiden schlugen einen leichten Galopp an. Es ritt sich gut über die morgendliche Prärie, von der Sonne hell beschienen, vom Winde umweht, mit dem Blick in die Weite des Landes, das sich zu Füßen der fernen Berge breitete.

Mattotaupa führte südwärts. Nachmittags war der Hügel erreicht, auf dem Mattotaupas Bruder in der verhängnisvollen Nacht mit seinen beiden Kriegern gerastet hatte. Vater und Sohn stiegen bei der alten Feuerstelle ab, machten ihre Pferde fest, sodass sie weiden, aber nicht entlaufen konnten, und hielten ein kleines Mahl aus ihrem Vorrat. Dann stiegen sie vorsichtig den Hügel hinab, suchten und fanden nach den Spuren die Stelle, an der Mattotaupas Bruder von dem Bären getötet worden war.

Darauf kehrten sie auf den Hügel zu ihren Mustangs zurück. Mattotaupa beobachtete das Verhalten der Tiere sehr genau. Sie waren vollkommen ruhig und unbesorgt. Nicht einmal Wölfe schienen mehr in der Nähe zu sein. Das Jaulen, mit dem einige dieser Raubtiere die hereinbrechende Nacht begrüßten, klang schwach von fern.

Der Mond zog herauf. Er zeigte sich mit seiner vollen runden Scheibe und beleuchtete das Land; alle Konturen erschienen deutlich in seinem Schein, wenn auch farblosunwirklich.

„Bleib vorläufig hier, aber schlafe nicht ein“, sagte Mattotaupa zu Harka. „Ich reite noch umher. Der Mond scheint so hell, dass ich vielleicht noch etwas finden kann. Falls du selbst in Gefahr kommst, entfliehe sofort auf deinem schnellen Büffelpferd.“

„Kann ich nicht mit dir kommen, Vater?“

„Auch das, wenn du nicht zu müde wirst.“

„Ich werde nicht müde.“

„Also gut.“

Die beiden ritten nach der kurzen Rast weiter umher.

Auf einmal stieß Mattotaupa einen Ruf der Überraschung aus und hielt an. Auch Harka griff sofort in die Zügel um sein Tier zum Stehen zu bringen.

„Harka – hier! Was siehst du da?“

„Bärenspuren, Vater!“

„Ja, Bärenspuren. Alte oder neue?“

„Ziemlich neue, Vater. Vielleicht einige Stunden alt.“

„So ist es. Und in welche Richtung ist der Bär gelaufen?“

„In die Richtung, aus der wir gekommen sind!“

„Ja. Was tun wir?“

„Wir folgen dieser Fährte, Vater!“

„Hau. Komm!“

Mattotaupa wendete das Pferd, ritt im Schritt, ließ sich tief vom Pferderücken herabhängen und hielt die Augen immer auf den Boden geheftet, die Fährte verfolgend. Da, wo er sie gefunden hatte, war sie sehr deutlich gewesen, das hohe Gras war niedergetreten. Aber dann kamen sandige Strecken mit hartem Gras, das in Büscheln wuchs, und hier wurde es schwer, die Fährte nicht zu verlieren. Mattotaupa und Harka stiegen ab. Oft mussten sie mühsam von einem Eindruck zum anderen suchen. Viel Zeit verging, bis sie eine kleine Strecke zurückgelegt hatten. Aber die Richtung der Fährte blieb unverkennbar. Sie führte stracks zum Pferdebach, in die Gegend, in der die Zelte standen.

Mattotaupa und Harka wechselten keine unnützen Worte. Aber sie stellten sich beide dieselbe Frage: Lief der Bär noch einmal zum Dorf um ein Fohlen zu schlagen? Wie würden die Männer sich dort verhalten?

Die Nachtstunden gingen dahin. Mattotaupa legte eine Rast ein und ließ den Jungen schlafen. Er selbst sorgte sich nicht um eine schlaflose Nacht. Er wäre nie ein Krieger der Dakota geworden, wenn er nicht vierundzwanzig Stunden ohne Schlaf und Essen auszuhalten gelernt hätte.

Die Sonne war längst aufgegangen und es war hoher Vormittag, als Mattotaupa und Harka, der Fährte folgend, wieder bis zu den Tipi der Bärenbande zurückgelangten. Fremde Muschel, Langspeer und Tschetan erwarteten sie schon außerhalb des Gehölzes.

Von der Wiese inmitten des Gehölzes, vom Dorfplatz her, erscholl das dumpfe Trommeln des Zaubermannes und das laute Brummen der Männer im Bärentanz.

Mattotaupa begrüßte die beiden Krieger, die ihm entgegengekommen waren, und Harka begrüßte Tschetan.

Während die Männer über das gleiche Thema miteinander sprachen, sagte Tschetan zu Harka: „Da seid ihr wieder.

Wir sehen, dass ihr die Fährte des Bären entdeckt und sie richtig verfolgt habt. Aber der Bär war etwas schneller als ihr!“

„Tschetan, wo ist er jetzt? Was ist bei euch geschehen?“

„Viel, Harka. Wir haben wichtige und merkwürdige Gäste. Tatanka-yotanka ist gekommen – er sitzt im Zelte Hawandschitas – und noch ein weißer Mann ist gekommen, auch ein Zauberer, und ich glaube, er kann mit einem Mazzawaken geschickter umgehen als Gelbbart. Aber alles das werdet ihr mit eigenen Augen sehen. Was den Bären anbetrifft, so hat er uns heute Nacht besucht. Ihr hättet nicht so weit zu reiten brauchen. Er hat wieder ein Fohlen geschlagen und er hat es weggeschleppt, ohne dass einer unserer Männer noch wagte dem großen Grauen entgegenzutreten.“

„Tschetan! Wohin hat er seine Beute getragen? Er kann nicht weit damit gekommen sein!“

„Du weißt immer alles. Er ist aber doch weit fortgelaufen. Westnordwestwärts, an einem kleinen Wasser, das in den Pferdebach fließt, sitzt er und lässt es sich wohl sein.“

„Ein Bär, der gerissen hat und seinen Teil Fleisch nachschleppt, macht eine deutliche Fährte!“

„Eine Fährte, der ein Kind folgen kann!“

„Wir werden ihn finden und töten!“

Als Harka diese Worte sprach, sprach er sie fast im gleichen Atemzuge wie sein Vater, der den Bericht von Langspeer und Fremde Muschel angehört hatte.

Es fiel Harka jetzt erst auf, dass sich keiner der anderen Krieger und Burschen sehen ließ. Viele waren mit dem Bärentanz beschäftigt, andere mochten nur noch den Gedanken haben: Tatanka-yotanka ist hier. Aber lag es allein daran, dass sich niemand weiter sehen ließ?

Oder hatte Hawandschita etwas gegen das Ansehen des Häuptlings unternommen? Dann war es umso dringender, dass der graue Bär endlich erlegt wurde!

Mattotaupa und Harka fanden die breite Fährte des Raubtiers, das seine Beute abgeschleppt hatte, und folgten ihr ohne Mühe. Sie hatten jetzt keinen anderen Gedanken als ‚der Bär, der Bär'!

Die Fährte verlief so, wie Tschetan gesagt hatte, westwärts zu einem kleinen Wasser, dessen Ufer von Weidengebüsch und Bäumchen besäumt war. Die Pferde wurden schon unruhig. Mattotaupa stieg ab und Harka glitt ebenfalls vom Pferderücken. Die Mustangs wurden festgemacht.

Mattotaupa zog Harka zu sich heran. „Nun zeige, ob deine Augen scharf sind! Dort, das Gebüsch am Ufer – dort – bei dem Bäumchen, das ein wenig höher ist als die anderen – dort schaut ein Stück Fell eines Fohlens aus Gras und Blättern heraus – kannst du es sehen?"

„Nein, Vater. Doch – ja – doch – Vater, ich kann es erkennen!"

„Dorthin führt auch unsere Fährte. Aber weiter führt sie nirgends."

„So ist es, Vater."

„Also muss dort am Ufer im Gebüsch der Bär noch versteckt sein und den Rest seiner Beute fressen."

„Hau."

„Harka Steinhart Nachtauge Wolfstöter! Ich erkläre dir jetzt unseren Kriegsplan, in dem du eine wichtige Aufgabe hast, wie sie sonst nur von einem Manne übernommen wird. Du sollst den Bären reizen, sodass er aus dem Gebüsch hervorkommt und nur auf dich achtet, weil er dich angreifen will. Ich werde, vom Bären zu spät bemerkt, herbeispringen und ihm das Messer ins Herz stoßen!"

„Gut, Vater." Harka sprach die Worte ruhig, aber es war ihm heiß geworden.

„Nun lauf erst zu dem kleinen Hügel dorthin. An der Stelle, an der die Grasnarbe abgebrochen ist, siehst du einige Steine aus der Erde ragen. Die holst du dir um den Bären damit zu bewerfen."

„Ja." Harka eilte flink zu der Stelle, die ihm der Vater gezeigt hatte, und brach sich eine Anzahl handlicher Steine aus dem sandigen Boden heraus.

Als er zum Vater zurückkehrte, waren die Pferde schon sehr erregt. Am Bach hatte sich etwas gerührt. Das Fohlenfleisch war ins Gebüsch hereingezogen worden. Harka glaubte das Schmatzen und Mahlen zwischen einem starken Gebiss zu hören.

Mattotaupa versteckte sich im Gras, möglichst entfernt von den Pferden. Seinen Sohn Harka, der mit ihm gekommen war, unterrichtete er: „Hierher, zu dieser Stelle, an der ich liege, musst du dich zurückziehen, wenn der Bär aus dem Gebüsch hervorkommt um dich anzugreifen. Du musst versuchen ihn so zu reizen, dass er sich aufrichtet. Dann kann ich den Stich ins Herz am besten führen!"

„Ja, Vater!"

Harka tat einen tiefen Atemzug, dann nahm er die Steine noch einmal besser zur Hand und machte sich auf seinen gefährlichen Weg.

Er ging aufrecht durch das Gras, das ihm hier bis zu den Knien reichte, auf die Stelle des Bachufers zu, an der der große Graue lag. Als er auf Wurfweite herangekommen war, schleuderte er den ersten Stein.

Der Wurf hatte überhaupt keine Wirkung.

Harka hörte aber das Knacken und Schmatzen, mit dem der Bär seine gute Beute verzehrte.

Er warf den zweiten Stein und schnell hinterher den dritten. Da hörte das Knacken und Schmatzen auf. Die Zweige bewegten sich, eine spitze Schnauze erschien und eine Tatze, die mit den Krallen noch das Fohlenbein festhielt.

Harka zielte mit dem vierten Stein auf die Schnauze,

aber er traf daneben. Vielleicht hatte er die Stirn des Bären getroffen oder gestreift. Das Raubtier stieß ein bösartiges Brummen aus, ein drohendes Brummen, das dem, dem es galt, durch Mark und Bein ging.

Harka warf den letzten Stein.

Die Wirkung war gering. Der Bär kam nur ein wenig weiter hervor, brummte und wartete.

Durch die furchtlose Ruhe des Grizzly war die Lage für Harka äußerst gefährlich geworden. Er konnte es nicht wagen, noch weitere Steine zu holen, nachdem er das Raubtier gereizt hatte. Auf dem Weg zur Bruchstelle konnte ihn der schnelle Bär vom Vater abschneiden. Harka wollte aber auch nicht aufgeben.

Er schrie den Bären an.

Das störte den großen Grauen auch nicht. Er antwortete nur mit einem kurzen, sehr gereizten Brummen. Harka entschloss sich, alles auf einmal zu wagen. Er sprang nahe an das Ufer heran!

Zwischen den Weidenzweigen erblickte er jetzt die ganze Masse des Untiers, das über den blutigen Resten des Fohlenfleisches hockte und nun immer weiter hervorkroch, leise brummend, die Tatzen vorschiebend, die kleinen Augen auf den Angreifer gerichtet . . . zum Gegenangriff bereit.

Harka hatte das Messer aus der Scheide gerissen und warf es, trotz seiner äußersten Erregung noch in Ruhe zielend, mit voller Kraft gegen den Bären.

Das Brummen verstummte. Nach einer Sekunde unheimlicher Stille brach dann das mächtige Tier aus dem Gesträuch hervor. Seine Tatzen und sein Maul waren noch blutig von dem eben gehaltenen Mahl. Es schüttelte das Messer, das in seiner Kopfhaut steckte, wie eine lästige Fliege ab und lief mit einer unerwarteten, furchterregenden Schnelligkeit auf Harka zu. Der Knabe war viel zu weit vom Vater entfernt . . . Er machte kehrt und rannte mit gehetzten Zickzacksprüngen um sein Leben, zu der Stelle hin, wo er den Vater wusste.

Schon war der Bär dicht hinter ihm!

Harka stoppte plötzlich seinen Lauf. Das Herz klopfte ihm bis zum Halse. Er wandte sich um und sah den Bären, der durch die blitzschnelle Wendung des Knaben überrascht war. Mit einem Kriegsruf, der sich aus der Stimmung des Kampfes um Leben und Tod schrill herausdrängte, begegnete der Knabe dem Untier. Er wusste, dass der Vater noch immer zu weit weg war, viel zu weit!

Aber jetzt geschah etwas. Irgendetwas flog an Harka vorbei, blieb aber im Grasboden stecken . . .

Des Vaters Messer!

Er hatte das Raubtier nicht getroffen.

Der Bär, durch den Anblick von zwei Angreifern zu voller Wut gereizt, erhob sich jetzt auf die Hintertatzen um zunächst den Knaben mit seinen Pranken niederzuschlagen.

Harka, der ihm entgegentrat, maß mit seinen zwölf Jahren schon 1,68 Meter, aber das aufgerichtete Tier überragte ihn bei weitem. Der Junge erreichte nicht einmal die Schulterhöhe des Bären und war der vollen Wucht eines Tatzenschlages ausgesetzt. Er besaß noch eine einzige Waffe, die elastische Keule, und er hatte in der verzweifelten Lage noch Überlegung genug, sie zu gebrauchen. In Sekundenschnelle schwang er sie und traf mit dem Stein die eine Pranke des Bären.

Der Angriff des Tieres verzögerte sich dadurch. Diesen Augenblick nutzte Mattotaupa. Mit riesigen Sätzen war er herangeeilt. Waffenlos sprang er jetzt hinter den Rücken des Bären und seine Arme umschlangen den Hals des Tieres.

Das Tier, dessen ganze Wut und Aufmerksamkeit sich auf Harka richtete, war durch den Angriff im Rücken verblüfft. Es reagierte nicht sofort mit voller Kraft, sondern schlug mit den Tatzen leer um sich; die eine war von Harkas Keulenschlag getroffen und nur noch halb gebrauchsfähig.

Mit ungeheurer, übermenschlicher Anstrengung, ringend um das eigene Leben und um das seines Sohnes, hielt Mattotaupa den Hals des Bären umschlungen. Seine Füße stemmten sich in den Grasboden, seine Muskeln traten hervor, seine Adern schwollen blau an, und das Schweißwasser lief ihm von den Schläfen. Mit aufgerissenem Rachen wehrte sich das Raubtier, weit streckte es die Zunge heraus und seine gefährlichen Zähne waren alle zu sehen. Es versuchte seinen Feind umzuwerfen.

„Vater!“, schrie Harka und er schwang die Keule um den Bären nochmals zu treffen, diesmal an der einen hinteren Pranke, mit der sich das Tier auf dem Grasboden einstemmte.

Die Kräfte des Bären schienen kaum nachzulassen, obgleich ein Röcheln aus seinem Rachen drang. Mattotaupas Augen waren weit aufgerissen, er keuchte schwer.

Harka sah den Knauf des Messers, das Mattotaupa geworfen hatte, zwischen den Grasbüscheln. Er sprang hin und riss es an sich. Als er zu dem ringenden Vater zurückkam, war der Bär, dem der Atem versagte, im Stürzen, aber auch der Häuptling hatte seine Kräfte verausgabt. Das Raubtier riss Mattotaupa mit um.

Harka wollte dem Vater das Messer in die Hand drücken. Aber Mattotaupa achtete noch nicht auf ihn. Selbst röchelnd, wand er sich unter dem Bären hervor – jetzt fasste er das Messer.

Das Raubtier zuckte noch und schlug mit der einen unverletzten Tatze um sich. Sich unter die Pranken des Tieres wagend, stieß der Häuptling ihm das Messer ins Herz.

Der Kopf des Bären sank zurück, die Pranken wurden

alle schlaff. Das Tier schlug sich noch einmal auf die andere Seite. Dann rührte es sich nicht mehr.

Der große graue Bär war tot.

Nach der Bärenjagd wird die Situation für Mattotaupa und Harka im Dorf immer schwieriger.

III Seeabenteuer

Kurt Lütgen: Eine Eisscholle namens „Zuflucht“

In dem Buch „Kein Winter für Wölfe“ von Kurt Lütgen geht es um die dramatische Rettung der Besatzung von sieben Walfangschiffen, die durch einen frühen Wintereinbruch im Eis des nördlichen Alaska eingeschlossen wurden. Jarvis, der die aussichtslos scheinende Rettungsaktion betreibt, erzählt unterwegs seinem Begleiter folgende Geschichte einer ähnlich dramatischen Rettung:

Nachdem der Kapitän, Francis Hall, tödlich verunglückt ist und sein Expeditionsschiff, die Polaris, am 15. Oktober 1871 an einem Eisberg zerschellt (s. Karte auf S. 87), sammelt Eskimo-Joe einen Teil der Mannschaft der gescheiterten Nordpol-Expedition auf einer Eisscholle. Joe fühlt sich seinem toten Freund Hall tief verpflichtet.

Auf der Scholle befanden sich außer den beiden Eskimos und ihren Frauen und Kindern mit dem Ersten Steuermann Tyson noch elf Mann von der ‚Polaris' und dazu zwanzig Schlittenhunde. Als sie ihre Habe überprüften, zeigte es sich, dass kein Grund bestand, mutlos zu sein. In den Kisten waren die wichtigsten nautischen Geräte, Waffen und Munition in genügender Menge, Wolldecken, Segeltuch, Kleidung und ausreichend Proviant in Dosen und Pemmikan. Außerdem waren zwei seetüchtige Walboote, Schlitten und Joes Kajak vorhanden.

Steuermann Tyson, der nun das Kommando übernahm, ermittelte zunächst den Standort der Scholle, auf der sie trieben. Als er feststellte, dass sie nur vierzig Meilen von Baffinland entfernt waren, endschied er, man müsse versuchen das Land zu erreichen. Wie Kapitän Buddington war auch er der Meinung, dass man an Land den Fährnissen des arktischen Winters weniger ausgesetzt sei als auf einer Eisscholle.

Seine weißen Kameraden waren durchaus bereit den schweren Marsch durch das Packeis zu wagen. Aber Eskimo-

„Polaris"-Expedition von Charles Francis Hall

Joe widersprach, und zwar mit so leidenschaftlichem Nachdruck, wie ihn zuvor noch niemand bei ihm erlebt hatte. Vielleicht verfehlte er gerade deshalb seine Wirkung nicht. Er schüttelte plötzlich seine bisherige Befangenheit den weißen Männern gegenüber ab und wagte es, ohne Scheu, bestimmt, ja beinahe befehlend einen Plan vorzuschlagen, dessen Kühnheit Tyson fast den Atem verschlug.

Solange die Weißen noch hofften von der ‚Polaris' gerettet zu werden, war Joe keinesfalls müßig gewesen, sondern hatte das Treibeisfeld, das sie umschloss, nach allen Seiten hin erkundet. Dabei entdeckte er einige Meilen nördlich eine riesige Scholle dicken Alteises. ‚Diese Scholle', erklärte er, ‚wird uns sicher tragen, viele Monate hindurch.' Er nahm Tyson die Landkarte aus der Hand und legte mit deren Hilfe dar, welchen Weg diese Scholle, getragen von den Strömungen der Davisstraße, vermutlich nehmen würde: ‚Wahrscheinlich wird sie bis dicht an die Westküste Grönlands herantreiben. Und dort – nicht auf dem Baffinland, das unbesiedelt ist – werden wir gewiss auf Siedlungen stoßen und daher Aussicht haben, gerettet zu werden. Bis wir Grönland erreichen, wird das Eis, wird die See uns ernähren – uns alle!'

Er sprach so bestimmt und zuversichtlich, seine Erläuterungen anhand der Karte waren so logisch und klar, dass er Tyson damit überzeugte. Ja, der Steuermann begann nun zum ersten Mal zu begreifen, weshalb Charles Francis Hall gerade diesem Eskimo so großes Vertrauen schenkte. Er ordnete sofort an das Lager auf die Scholle zu verlegen, die Joe ausgesucht hatte.

Innerhalb weniger Tage richteten sie sich dort häuslich ein. Joe und seine Leute bauten drei große Iglus: je eins für die Offiziere, die Seeleute und die Eskimos. Die Weißen betrachteten die Schneehütten anfangs mit Misstrauen, aber sobald sie sie bezogen hatten, fühlten sie sich recht behaglich darin und begannen sich auch innerlich darauf einzustellen, monatelang ein Leben nach Eskimoart zu führen.

Die Scholle, auf der sie ihr Winterquartier aufschlugen, war bei einem Durchmesser von mehr als fünf Meilen fast kreisrund und schätzungsweise fünfzig Fuß dick. Fünf Fuß hoher Schnee bedeckte ihre ganze Oberfläche: eine unerschöpfliche Quelle frischen Süßwassers. Voller Hoffnung und Zutrauen in die nächste Zukunft blickend, tauften sie die Scholle wie ein gutes Schiff und gaben ihr den Namen ‚Zuflucht'.

Sobald die Iglus errichtet und bezogen waren, ging Eskimo-Joe daran, seine weißen Schicksalsgenossen in der Kunst des Polarlebens zu unterrichten. Er zeigte ihnen, wie man Tranlampen aus leeren Konservendosen herstellt, nach Eskimoart aus Robbenfleisch und -speck Pemmikan bereitet, aus Robbenfellen schöne warme Schlafsäcke anfertigt und Salz aus dem Eis gewinnt. Meerwassereis schmilzt nämlich schneller als Süßwassereis und hinterlässt, wenn es während der sommerlichen Wärme verdampft, in den Spalten und Höhlungen des Süßwassereises seine Salzkristalle. Solche ‚Salzadern' aufzuspüren, gehört auch zu den Künsten des Polarjägers.

Ende November verzehrten sie die letzten Überbleibsel der Proviantvorräte, die seinerzeit vom Schiff auf die Scholle geschafft waren: einige Büchsen Schildkrötensuppe, grüne Erbsen und als Nachtisch ein paar Tafeln Schokolade. Danach waren sie ganz auf das angewiesen, was sie sich selbst beschafften, oder richtiger: was Joe ihnen zu beschaffen vermochte. Er trug nun die Verantwortung für eine auf neunzehn Köpfe und hungrige Mäuler angewachsene Familie.

Zunächst freilich trat noch nicht deutlich hervor, wie sehr sie von ihm abhingen. Um diese Zeit nämlich dauerte die Südwanderung der Grönlandseehunde noch an, und auch den weniger geschickten Jägern war es möglich, die Tiere zu erlegen, sobald sie zu einer Rast auf die Eisscholle stiegen. Gelang es hin und wieder einem angeschossenen Seehund sich wieder ins Wasser zu retten und wegzutauchen, so war der Schaden nicht groß; es würde ja nicht lange dauern, bis ein anderes Tier kam und man mehr Jagdglück hatte. Aber der Tag näherte sich schon, an dem die Wanderung der Seehunde endete.

Immerhin: als die Seehunde verschwanden, blieb noch die Jagd auf Vögel. Von denen zeigten sich viele, vor allem schwarze Lummen; täglich fanden einige davon ihren Weg in die trangeheizten Kochöfen der Iglus. Allerdings stellte Tyson ärgerlich fest, dass diese plumpen, kurzflügeligen, etwa taubengroßen Vögel, ‚vorn zu schnell und hinten zu kurz waren'. Ihre Plumpheit zwang sie zwar, stets geradeaus und ohne plötzliche Schwenkungen zu fliegen, aber dank ihrer Schnelligkeit boten sie trotzdem kein gutes Ziel.

Als Tyson die Menge der bei dieser Jagd verschossenen Munition mit der Beute verglich, sah er sich gezwungen die Vogeljagd zu verbieten um Patronen zu sparen für die Zeit, wo sich wieder größeres Wild einstellte.

Ende Januar musste sich Eskimo-Joe eingestehen, dass nicht jeder Weiße seinem großen Freund Hall glich. Er selbst war imstande sich und seine Familie auch im tiefen Arktiswinter ausreichend zu ernähren. Er traute sich auch zu, neunzehn Menschen gut zu versorgen, sofern sich unter ihnen noch einige Jäger befanden, die geschickt und wendig genug waren, unter seiner Führung jede Möglichkeit auszunutzen. Diese Fähigkeit aber ging den Seeleuten ab.

Joe sah immer mehr ein, dass er sich geirrt hatte, als er jeden Weißen nach dem Maß seines Freundes Hall einschätzte. Hall hatte angeborenen Jagdinstinkt und wusste Joe die Kniffe und Pfiffe der Polarjagd bald abzulauschen. Tyson aber und seine Seeleute besaßen diesen Instinkt nicht oder nicht mehr. Sie waren nicht fähig sich Joes Erfahrungen auch nur teilweise anzueignen. In der Arktis aber taugt nur der Mann, der in der Lage ist, sich selbst zu ernähren. Jeder andere muss ihr allmählich unterliegen – der eine schnell, der andere langsamer. Auch ein geschickter Jäger wie Eskimo-Joe ging in einen aussichtslosen Kampf, wenn er es auf sich nahm, allein für neunzehn Menschen zu sorgen.

Dies wurde ihm bald zur Gewissheit. Trotzdem gab er den Kampf nicht auf. Niemals kehrte er von einem Pirschgang ohne Beute zurück, obwohl er manchmal vier Tage lang bei Temperaturen von 30 bis 40 Grad unter Null unterwegs sein musste. Die Zahl der gefrorenen Seehunde, die man auf Vorrat geschossen hatte, nahm trotzdem immer mehr ab. Tyson ordnete daher an, Seehundsspeck fortan nicht mehr als Brennstoff in den Öfen oder Lampen zu verwenden, damit das Fett als Nahrung erhalten blieb. Aber dies wirkte sich nicht gut aus. Kälte und Lichtmangel in den Iglus machten seine Gefährten nur noch schwächer, misslauniger und hungriger.

Unterdes trieb die Scholle mit dem Packeis langsam weiter und weiter über die Davisstraße. Seit die Sonne verschwunden war und die Polarnacht sie grau und lichtlos umfing, hatte Tyson ihren Standort nicht mehr bestimmen können. An einem Februarmorgen erschien die Sonne endlich wieder für ein paar Minuten über dem Horizont. In ihrem Licht gewahrten die Männer auf der Scholle voraus im Osten einige rosig angestrahlte Bergspitzen. Sie schienen in der Luft zu schwimmen wie die hochragenden Segel von Schiffen, die in der Morgenröte aus der Kimmung emportauchten.

‚Grönland', sagte Eskimo-Joe. Obwohl vom Lande nichts zu erblicken war als diese kahlen, schneelosen Felsklippen, wusste jeder auf der Scholle, dass er Recht behalten hatte. Als sie die Eisscholle bezogen, hatte er ja vorausgesagt, sie werde den Weg nach Grönland einschlagen. Tyson versuchte sogleich ihren Standort zu bestimmen. Die Sonne stand jedoch so niedrig und die Strahlenbrechung auf den Eisfeldern war so groß, dass es ihm nicht gelang, genaue Zahlen zu errechnen. Er schätzte die Entfernung vom Lande auf hundert Meilen; Joe war sicher, dass sie geringer sei, und schlug vor nun die Scholle zu verlassen und auf das Land überzusiedeln: Dort würden Nahrung und Heizmaterial leichter zu finden sein und man könne den Frühling ohne Sorgen erwarten.

Die weißen Männer sahen sich stumm an und ließen ihre Blicke wieder und wieder zu den rötlich schimmernden Bergspitzen wandern; Hoffnung und Zweifel mischten sich in ihren Blicken. Und dann starrten sie auf das wilde, endlos sich ausdehnende Packeisgeschiebe, das zwischen ihnen und dem fernen Lande lag. Sie schwiegen lange; keiner getraute sich seine Meinung über Joes Vorschlag laut werden zu lassen.

‚Hundert Meilen', sagte schließlich einer. Der resignierte Klang der Worte verriet, dass der Sprecher sich nicht zutraute ,diesen langen Marsch durch die weglose Packeiswüste zu wagen.

‚Höchstens fünfzig Meilen, sagt Joe doch', widersprach ein anderer, aber es klang nicht hoffnungsvoller als die Worte des Ersten.

Wieder langes Schweigen. Nach einer Weile erst sagte Tyson: ‚Wir müssen das genau überlegen.'

Alle seine weißen Gefährten nickten – aufatmend, dass der Zwang sich zu entscheiden, ihnen fürs Erste abgenommen war. Langsam wandten sie sich von der schimmernden Vision der Berge ab und gingen schwerfüßig zu ihren Iglus. Eskimo-Joe blieb allein zurück und sah ihnen ratlos nach. Wieder einmal hatte ihm seine Schwäche für die weißen Männer einen Streich gespielt und die Frage quälte ihn, warum sie nicht auch so kühn und entschlossen waren wie sein großer Freund Hall. Er spürte wohl schon in dieser Stunde, dass Tyson und seine Gefährten sich nicht entschließen würden den Marsch über das Eis zu wagen.

Jedenfalls kam er nicht wieder auf seinen Vorschlag zurück. Dies enthob Tyson dem peinlichen Eingeständnis, dass die Seeleute eine so beschwerliche Wanderung nicht wagten.

Zwar regte sich, solange die Berge Grönlands in Sicht blieben, in manchem Zweifel, ob man gut tue auf diese Rettungsmöglichkeit zu verzichten, weil man ein Wagnis scheute. Aber da keiner von ihnen wie Joe recht imstande war sich auszumalen, was ihrer Scholle bevorstand, sobald sie in wärmeres Wasser geriet, beruhigten sich schließlich alle bei dem Gedanken, sich zum Notwendigen und deshalb Richtigen entschlossen zu haben. Sie waren Seeleute; die Scholle war ihnen zum Schiff geworden, und sein Schiff verlässt der Seemann freiwillig erst im Augenblick letzter, höchster Not. Gewiss lebte in jedem von ihnen ein tüchtiger Schuss Abenteurerlust, sonst hätten sie sich wohl kaum der ‚Polaris'-Expedition angeschlossen. Er war jedoch nicht stark genug, jenen andern Zug abendländischen Wesens auszulöschen – den ererbten Hang zu Sicherheit und Behaustsein, der sich ans Nächstliegende und Gewohnte klammerte. Ihnen bedeutete das Wagnis, das Abenteuer ein Reiz- und Rauschmittel um von Zeit zu Zeit das eng werdende Dasein mit kühner Gewaltsamkeit auszuweiten; für Eskimo-Joe aber war das Abenteuer eine schlichte Selbstverständlichkeit, die seinem Nomaden- und Jägerblut vollkommen angemessene Lebensform.

Das Zauberbild der Berge blieb zurück. Die Lockung des festen Landes verblasste wieder. Südwärts, immer weiter, immer schneller südwärts trieb die Scholle, die sie trug, den wärmeren Wassern des Atlantik entgegen. Und damit begann für Eskimo-Joe die Zeit der letzten, höchsten Probe für seine Kraft und Zähigkeit. Was mochte ihn angesichts der Berge Grönlands abermals gehindert haben, die weißen Männer zu verlassen und sich und die Seinen in Sicherheit zu bringen? Darf man annehmen – sein Verhalten während der ‚Polaris'-Expedition berechtigt dazu –, dass solche komplizierten Gedanken in seinem Hirn überhaupt Platz hatten, so bleibt nur dieser Schluss: dass Eskimo-Joe sich für die Männer auf der Scholle aufopferte, weil sie zum Volke seines Freundes Hall gehörten und er davon überzeugt war, sie seien ihm gewissermaßen als Vermächtnis des Freundes anvertraut. Sein Gefühl hatte sie adoptiert, in seine Familie aufgenommen, wie jenes Waisenkind seines Stammes, ob schon auch sie im Sinne der Arktis kaum nützlicher und lebenstüchtiger waren als dieses Mädchen. Gleichwohl erklärt dies nicht alles, denn Joe ging in seiner Hilfsbereitschaft weit über das hinaus, was das ungeschriebene Lebensgesetz der Arktis dem Familienoberhaupt auferlegt. Ein Rest bleibt, den man nur zu deuten vermag, wenn man bei diesem einzigartigen Eskimo entweder ein besonders opferbereites Herz vermutet oder aber ein außergewöhnlich starkes Gefühl der Treue und Anhänglichkeit für ein menschliches Vorbild. Vielleicht wirkte aber auch dies beides zusammen und steigerte sich aneinander zu einer männlichen Kraft und Größe, der man mit Ehrfurcht gedenken muss.

Am 30. April 1872 werden die Schiffbrüchigen von einem Seehundfängerboot gerettet (s. Karte auf S. 87).
Die Geschichte beruht wie die Rahmenhandlung auf Tatsachen.

Wilhelm Hauff: Die Geschichte von dem Gespensterschiff

Hauffs erste Märchensammlung ist eingebettet in eine Rahmenerzählung „Die Karawane". Fünf Kaufleute ziehen von Mekka durch die Wüste in ihre Heimat, nach Kairo. Ihnen schließt sich unterwegs ein Fremder an, der sich Selim Baruch nennt. Er macht folgenden Vorschlag: „Auf jedem Lagerplatz könnte einer von uns den andern etwas erzählen. Dies könnte uns schon die Zeit vertreiben. Er selbst beginnt mit der „Geschichte von Kalif Storch".

Als Selim Baruch seine Geschichte geendet hatte, bezeugten sich die Kaufleute sehr zufrieden damit „Wahrhaftig, der Nachmittag ist uns vergangen, ohne dass wir merkten, wie!", sagte einer derselben, indem er die Decke des Zeltes zurückschlug. „Der Abendwind wehet kühl und wir könnten noch eine gute Strecke Weges zurücklegen." Seine Gefährten waren damit einverstanden, die Zelte wurden abgebrochen und die Karawane machte sich in der nämlichen Ordnung, in welcher sie herangezogen war, auf den Weg.

Sie ritten beinahe die ganze Nacht hindurch, denn es war schwül am Tage, die Nacht aber war erquicklich und sternhell. Sie kamen endlich an einem bequemen Lagerplatz an, schlugen die Zelte auf und legten sich zur Ruhe. Für den Fremden aber sorgten die Kaufleute, wie wenn er ihr wertester Gastfreund wäre. Der eine gab ihm Polster, der andere Decken, ein Dritter gab ihm Sklaven, kurz, er wurde so gut bedient, als ob er zu Hause wäre. Die heißeren Stunden des Tages waren schon heraufgekommen, als sie sich wieder erhoben, und sie beschlossen einmütig, hier den Abend abzuwarten. Nachdem sie miteinander gespeist hatten, rückten sie wieder näher zusammen und der junge Kaufmann wandte sich an den Ältesten und sprach: „Selim Baruch hat uns gestern einen vergnügten Nachmittag bereitet, wie wäre es, Achmet, wenn Ihr uns auch etwas erzählet. Sei es nun aus Eurem langen Leben, das wohl viele Abenteuer aufzuweisen hat, oder sei es auch ein hübsches Märchen." Achmet schwieg auf diese Anrede eine Zeit lang, wie wenn er bei sich im Zweifel wäre, ob er dies oder jenes sagen sollte, oder nicht; endlich fing er an zu sprechen:

„Liebe Freunde! Ihr habt euch auf dieser unserer Reise als treue Gesellen erprobt und auch Selim verdient mein Vertrauen; daher will ich euch etwas aus meinem Leben mitteilen, das ich sonst ungern und nicht jedem erzähle: *die Geschichte von dem Gespensterschiff.*"

Die Geschichte von dem Gespensterschiff

Mein Vater hatte einen kleinen Laden in Balsora; er war weder arm noch reich und war einer von jenen Leuten, die nicht gerne etwas wagen, aus Furcht, das Wenige zu verlieren, das sie haben. Er erzog mich schlicht und recht, und brachte es bald so weit, dass ich ihm an die Hand gehen konnte. Gerade als ich achtzehn Jahre alt war, als er die erste größere Spekulation machte, starb er, wahrscheinlich aus Gram, tausend Goldstücke dem Meere anvertraut zu haben. Ich musste ihn bald nachher wegen seines Todes glücklich preisen, denn wenige Wochen hernach lief die Nachricht ein, dass das Schiff, dem mein Vater seine Güter mitgegeben hatte, versunken sei. Meinen jugendlichen Mut konnte aber dieser Unfall nicht beugen. Ich machte alles vollends zu Geld, was mein Vater hinterlassen hatte, und zog aus, um in der Fremde mein Glück zu probieren; nur von einem alten Diener meines Vaters begleitet, der sich aus alter Anhänglichkeit nicht von mir und meinem Schicksal trennen wollte.

Im Hafen von Balsora schifften wir uns mit günstigem Winde ein. Das Schiff, auf dem ich mich eingemietet hatte, war nach Indien bestimmt. Wir waren schon fünfzehn Tage auf der gewöhnlichen Straße gefahren, als uns der Kapitän einen Sturm verkündete. Er machte ein bedenkliches Gesicht, denn es schien, er kenne in dieser Gegend das Fahrwasser nicht genug, um einem Sturm mit Ruhe begegnen zu können. Er ließ alle Segel einziehen und wir trieben ganz langsam hin. Die Nacht war angebrochen, war hell und kalt, und der Kapitän glaubte schon sich in den Anzeichen des Sturmes getäuscht zu haben. Auf einmal schwebte ein Schiff, das wir vorher nicht gesehen hatten, dicht an dem unsrigen vorbei. Wildes Jauchzen und Geschrei erscholl aus dem Verdeck herüber, worüber ich mich zu dieser angstvollen Stunde, vor einem Sturm, nicht wenig wunderte. Aber der Kapitän an meiner Seite wurde blass wie der Tod. „Mein Schiff ist verloren“, rief er, „dort segelt der Tod!“ Ehe ich ihn noch über diesen sonderbaren Ausruf befragen konnte, stürzten schon heulend und schreiend die Matrosen herein: „Habt ihr ihn gesehn?“, schrien sie, „jetzt ist's mit uns vorbei.“

Der Kapitän aber ließ Trostsprüche aus dem Koran vorlesen und setzte sich selbst ans Steuerruder. Aber vergebens! Zusehends brauste der Sturm auf, und ehe eine Stunde verging, krachte das Schiff und blieb sitzen. Die Boote wurden ausgesetzt, und kaum hatten sich die letzten Matrosen gerettet, so versank das Schiff vor unsern Augen und als ein Bettler fuhr ich in die See hinaus. Aber der Jammer hatte noch kein Ende. Fürchterlicher tobte der Sturm, das Boot war nicht mehr zu regieren. Ich hatte meinen alten Diener fest umschlungen und wir versprachen uns, nie voneinander zu weichen. Endlich brach der Tag an; aber mit dem ersten Blick der Morgenröte fasste der Wind das Boot, in welchem wir saßen, und stürzte es um. Ich habe keinen meiner Schiffsleute mehr gesehen. Der Sturz hatte mich betäubt; und als ich aufwachte, befand ich mich in den Armen meines alten treuen Dieners, der sich auf das umgeschlagene Boot gerettet und mich nachgezogen hatte. Der Sturm hatte sich gelegt. Von unserem Schiff war nichts mehr zu sehen, wohl aber entdeckten wir, nicht weit von uns, ein anderes Schiff, auf das die Wellen uns hintrieben. Als wir näher hinzukamen, erkannte ich das Schiff als dasselbe, das in der Nacht an uns vorbeifuhr und welches den Kapitän so sehr in Schrecken gesetzt hatte. Ich empfand ein sonderbares Grauen vor diesem Schiffe. Die Äußerung des Kapitäns, die sich so furchtbar bestätigt hatte, das öde Aussehen des Schiffes, auf dem sich, so nahe wir auch herankamen, so laut wir schrien, niemand zeigte, erschreckten mich. Doch es war unser einziges Rettungsmittel, darum priesen wir den Propheten, der uns so wundervoll erhalten hatte.

Am Vorderteil des Schiffes hing ein langes Tau herab. Mit Händen und Füßen ruderten wir darauf zu, um es zu erfassen. Endlich glückte es. Noch einmal erhob ich meine Stimme, aber immer blieb es still auf dem Schiff. Da klimmten wir an dem Tau hinauf, ich als der Jüngste voran. Aber Entsetzen! Welches Schauspiel stellte sich meinem Auge dar, als ich das Verdeck betrat. Der Boden war mit Blut gerötet, 20-30 Leichname in türkischen Kleidern lagen auf dem Boden, am mittleren Mastbaum stand ein Mann, reich gekleidet, den Säbel in der Hand, aber das Gesicht war blass und verzerrt, durch die Stirne ging ein großer Nagel, der ihn an den Mastbaum heftete, auch er war tot. Schrecken fesselte meine Schritte, ich wagte kaum zu atmen. Endlich war auch mein Begleiter heraufgekommen. Auch ihn überraschte der Anblick des Verdeckes, das gar nichts Lebendiges, sondern nur so viele schreckliche Tote zeigte. Wir wagten es endlich, nachdem wir in der Seelenangst zum Propheten gefleht hatten, weiter vorzuschreiten. Bei jedem Schritte sahen wir uns um, ob nicht etwas Neues, noch Schrecklicheres sich darbiete; aber alles blieb, wie es war; weit und breit nichts Lebendiges als wir und das Weltmeer. Nicht einmal laut zu sprechen wagten wir, aus Furcht, der tote, am Mast angespießte Capitano möchte seine starren Augen nach uns hindrehen oder einer der Getöteten möchte seinen Kopf umwenden.

Endlich waren wir bis an eine Treppe gekommen, die in den Schiffsraum führte. Unwillkürlich machten wir dort Halt und sahen einander an, denn keiner wagte es recht, seine Gedanken zu äußern.

„O Herr“, sprach mein treuer Diener, „hier ist etwas Schreckliches geschehen. Doch, wenn auch das Schiff da unten voll Mörder steckt, so will ich mich ihnen doch lieber auf Gnade und Ungnade ergeben, als längere Zeit unter diesen Toten zubringen.“ Ich dachte wie er, wir fassten ein Herz und stiegen voll Erwartung hinunter. Totenstille war aber auch hier, und nur unsere Schritte hallten auf der Treppe. Wir standen an der Türe der Kajüte. Ich legte mein Ohr an die Türe und lauschte, es war nichts zu hören. Ich machte auf. Das Gemach bot einen unordentlichen Anblick dar. Kleider, Waffen und andere Geräte lagen untereinander. Nichts in Ordnung. Die Mannschaft, oder wenigstens der Capitano, musste vor kurzem gezecht haben, denn es lag alles noch umher. Wir gingen weiter von Raum zu Raum, von Gemach zu Gemach, überall fanden wir herrliche Vorräte in Seide, Perlen, Zucker usw. Ich war vor Freude über diesen Anblick außer mir, denn da niemand auf dem Schiff war, glaubte ich, alles mir zueignen zu dürfen, Ibrahim aber machte mich aufmerksam darauf, dass wir wahrscheinlich noch sehr weit vom Land seien, wohin wir allein und ohne menschliche Hülfe nicht kommen können.

Wir labten uns an den Speisen und Getränken, die wir in reichlichem Maß vorfanden, und stiegen endlich wieder aufs Verdeck. Aber hier schauderte uns immer die Haut, ob dem schrecklichen Anblick der Leichen. Wir beschlossen uns davon zu befreien und sie über Bord zu werfen; aber wie schauerlich ward uns zu Mut, als wir fanden, dass sich keiner aus seiner Lage bewegen ließ. Wie festgebannt lagen sie am Boden, und man hätte den Boden des Verdecks ausheben müssen um sie zu entfernen, und dazu gebrach es uns an Werkzeugen. Auch der Capitano ließ sich nicht von seinem Mast losmachen, nicht einmal seinen Säbel konnten wir der starren Hand entwinden. Wir brachten den Tag in trauriger Betrachtung unserer Lage zu, und als es Nacht zu werden anfing, erlaubte ich dem alten Ibrahim sich schlafen zu legen, ich selbst aber wollte auf dem Verdeck wachen, um nach Rettung auszuspähen. Als aber der Mond heraufkam und ich nach den Gestirnen berechnete, dass es wohl um die elfte Stunde sei, überfiel mich ein so unwiderstehlicher Schlaf, dass ich unwillkürlich hinter ein Fass, das auf dem Verdeck stand, zurückfiel. Doch war es mehr Betäubung als Schlaf, denn ich hörte deutlich die See an der Seite des Schiffes anschlagen und die Segel vom Winde knarren und pfeifen. Auf einmal glaubte ich Stimmen und Männertritte auf dem Verdeck zu hören. Ich wollte mich aufrichten, um darnach zu schauen; aber eine unsichtbare Gewalt hielt meine Glieder gefesselt, nicht einmal die Augen konnte ich aufschlagen. Aber immer deutlicher wurden die Stimmen, es war mir, als wenn ein fröhliches Schiffsvolk auf dem Verdeck sich umhertriebe; mitunter glaubte ich die kräftige Stimme eines Befehlenden zu hören, auch hörte ich Taue und Segel deutlich auf- und abziehen. Nach und nach aber schwanden mir die Sinne, ich verfiel in einen tieferen Schlaf, in dem ich nur noch ein Geräusch von Waffen zu hören glaubte, und erwachte erst, als die Sonne schon hoch stand und mir aufs Gesicht brannte. Verwundert schaute ich mich um, Sturm, Schiff, die Toten und was ich in dieser Nacht gehört hatte, kam mir wie ein Traum vor, aber als ich aufblickte, fand ich alles wie gestern. Unbeweglich lagen die Toten, unbeweglich war der Capitano an den Mastbaum geheftet. Ich lachte über meinen Traum und stand auf, um meinen Alten zu suchen.

Dieser saß ganz nachdenklich in der Kajüte. „O Herr!“, rief er aus, als ich zu ihm hereintrat, „ich wollte lieber im tiefsten Grund des Meeres liegen, als in diesem verhexten Schiff noch eine Nacht zubringen.“ Ich fragte ihn nach der Ursache seines Kummers und er antwortete mir: „Als ich einige Stunden geschlafen hatte, wachte ich auf und vernahm, wie man über meinem Haupt hin- und herlief. Ich dachte zuerst, Ihr wäret es, aber es waren wenigstens zwanzig, die oben umherliefen, auch hörte ich rufen und schreien. Endlich kamen schwere Tritte die Treppe herab.

Da wusste ich nichts mehr von mir, nur hie und da kehrte auf einige Augenblicke meine Besinnung zurück, und da sah ich dann denselben Mann, der oben am Mast angenagelt ist, an jenem Tisch dort sitzen, singend und trinkend, aber der, der in einem roten Scharlachkleid nicht weit von ihm am Boden liegt, saß neben ihm und half ihm trinken." Also erzählte mir mein alter Diener.

Ihr könnt es mir glauben, meine Freunde, dass mir gar nicht wohl zu Mute war; denn es war keine Täuschung, ich hatte ja auch die Toten gar wohl gehöret. In solcher Gesellschaft zu schiffen war mir gräulich. Mein Ibrahim aber versank wieder in tiefes Nachdenken. „Jetzt hab ich's", rief er endlich aus; es fiel ihm nämlich ein Sprüchlein ein, das ihn sein Großvater, ein erfahrener, weitgereister Mann gelehrt hatte und das gegen jeden Geister- und Zauberspuk helfen sollte; auch behauptete er, jenen unnatürlichen Schlaf, der uns befiel, in der nächsten Nacht verhindern zu können, wenn wir nämlich recht eifrig Sprüche aus dem Koran beteten. Der Vorschlag des alten Mannes gefiel mir wohl. In banger Erwartung sahen wir die Nacht herankommen. Neben der Kajüte war ein kleines Kämmerchen, dorthin beschlossen wir uns zurückzuziehen. Wir bohrten mehrere Löcher in die Türe, hinlänglich groß, um durch sie die ganze Kajüte zu überschauen; dann verschlossen wir die Türe, so gut es ging, von innen und Ibrahim schrieb den Namen des Propheten in alle vier Ecken. So erwarteten wir die Schrecken der Nacht. Es mochte wieder ungefähr elf Uhr sein, als es mich gewaltig zu schläfern anfing. Mein Gefährte riet mir daher, einige Sprüche des Korans zu beten, was mir auch half. Mit einem Male schien es oben lebhaft zu werden, die Taue knarrten, Schritte gingen über das Verdeck und mehrere Stimmen waren deutlich zu unterscheiden. Mehrere Minuten hatten wir so in gespannter Erwartung gesessen, da hörten wir etwas die Treppe der Kajüte herabkommen. Als dies der

Alte hörte, fing er an, seinen Spruch, den ihn sein Großvater gegen Spuk und Zauberei gelehrt hatte, herzusagen:

„Kommt ihr herab aus der Luft,
Steigt ihr aus tiefem Meer,
Schlieft ihr in dunkler Gruft,
Stammt ihr vom Feuer her:
Allah ist euer Herr und Meister,
Ihm sind gehorsam alle Geister."

Ich muss gestehen, ich giaubte gar nicht recht an diesen Spruch und mir stieg das Haar zu Berg, als die Türe aufflog. Herein trat jener große, stattliche Mann, den ich am Mastbaum angenagelt gesehen hatte. Der Nagel ging ihm auch jetzt mitten durchs Hirn, das Schwert aber hatte er in die Scheide gesteckt, hinter ihm trat noch ein anderer herein, weniger kostbar gekleidet; auch ihn hatte ich oben liegen sehen. Der Capitano, denn dies war er unverkennbar, hatte ein bleiches Gesicht, einen großen schwarzen Bart, wildrollende Augen, mit denen er sich im ganzen Gemach umsah. Ich konnte ihn ganz deutlich sehen, als er an unserer Türe vorüberging; er aber schien gar nicht auf die Türe zu achten, die uns verbarg. Beide setzten sich an den Tisch, der in der Mitte der Kajüte stand, und sprachen laut und fast schreiend miteinander in einer unbekannten Sprache. Sie wurden immer lauter und eifriger, bis endlich der Capitano mit geballter Faust auf den Tisch hineinschlug, dass das Zimmer dröhnte. Mit wildem Gelächter sprang der andere auf und winkte dem Capitano, ihm zu folgen. Dieser stand auf, riss seinen Säbel aus der Scheide und beide verließen das Gemach. Wir atmeten freier, als sie weg waren; aber unsere Angst hatte noch lange kein Ende. Immer lauter und lauter ward es auf dem Verdeck. Man hörte eilends hin- und herlaufen und schreien, lachen und – heulen. Endlich ging ein wahrhaft höllischer Lärm los, sodass wir glaubten, das Verdeck mit allen Segeln komme zu uns herab. Waffengeklirr und Geschrei – auf einmal aber tiefe Stille. Als wir es nach vielen Stunden wagten hinaufzugehen, trafen wir alles wie sonst; nicht einer lag anders als früher, alle waren steif wie Holz.

So waren wir mehrere Tage auf dem Schiff, es ging immer nach Osten, wohin zu, nach meiner Berechnung, Land liegen musste, aber wenn es auch bei Tag viele Meilen zurückgelegt hatte, bei Nacht schien es immer wieder zurückzukehren, denn wir befanden uns immer wieder am nämlichen Fleck, wenn die Sonne aufging. Wir konnten uns dies nicht anders erklären, als dass die Toten jede Nacht mit vollem Winde zurücksegelten. Um nun dies zu verhüten, zogen wir, ehe es Nacht wurde, alle Segel ein und wandten dasselbe Mittel an wie bei der Tür in der Kajüte; wir schrieben den Namen des Propheten auf Pergament und auch das Sprüchlein des Großvaters dazu und banden es um die eingezogenen Segel. Ängstlich warteten wir in unserem Kämmerchen den Erfolg ab. Der Spuk schien diesmal noch ärger zu toben, aber siehe, am anderen Morgen waren die Segel noch aufgerollt, wie wir sie verlassen hatten. Wir spannten den Tag über nur so viele Segel auf, als nötig waren, das Schiff sanft voranzutreiben, und so legten wir in fünf Tagen eine gute Strecke zurück.

Endlich, am Morgen des sechsten Tages, entdeckten wir in geringer Ferne Land und wir dankten Allah und seinem Propheten für unsere wunderbare Rettung. Diesen Tag und die folgende Nacht trieben wir an einer Küste hin und am siebenten Morgen glaubten wir in geringer Entfernung eine Stadt zu entdecken; wir ließen mit vieler Mühe einen Anker in die See, der alsbald Grund fasste, setzten ein kleines Boot, das auf dem Verdeck stand, aus, und ruderten mit aller Macht der Stadt zu. Nach einer haben Stunde liefen wir in einem Fluss ein, der sich in die See ergoss und stiegen ans Ufer. Im Stadttor erkundigten wir uns, wie die

Stadt heiße, und erfuhren, dass es eine indische Stadt sei, nicht weit von der Gegend, wohin ich zuerst zu schiffen willens war. Wir begaben uns in eine Karawanserei und erfrischten uns von unserer abenteuerlichen Reise. Ich forschte daselbst auch nach einem weisen und verständigen Mann, indem ich dem Wirt zu verstehen gab, dass ich einen solchen haben möchte, der sich ein wenig auf Zauberei verstehe. Er führte mich in eine abgelegene Straße, an ein unscheinbares Haus, pochte an und man ließ mich eintreten, mit der Weisung, ich solle nur nach Muley fragen.

In dem Haus kam mir ein altes Männlein mit grauem Bart und langer Nase entgegen und fragte nach meinem Begehr. Ich sagte ihm, ich suche den weisen Muley, und er antwortete mir, er seie es selbst. Ich fragte ihn nun um Rat, was ich mit den Toten machen solle und wie ich es angreifen müsse, um sie aus dem Schiff zu bringen? Er antwortete mir: Die Leute des Schiffes seien wahrscheinlich wegen irgendeines Frevels auf das Meer verzaubert; er glaube, der Zauber werde sich lösen, wenn man sie ans Land bringe; dies könne aber nicht geschehen, als wenn man die Bretter, auf denen sie liegen, losmache. Mir gehöre, von Gott und Rechts wegen, das Schiff samt allen Gütern, weil ich es gleichsam gefunden habe; doch solle ich alles sehr geheim halten und ihm ein kleines Geschenk von meinem Überfluss machen, er wolle dafür mit seinen Sklaven mir behilflich sein, die Toten wegzuschaffen. Ich versprach ihn reichlich zu belohnen, und wir machten uns mit fünf Sklaven, die mit Sägen und Beilen versehen waren, auf den Weg. Unterwegs konnte der Zauberer Muley unseren glücklichen Einfall, die Segel mit den Sprüchen des Korans zu umwinden, nicht genug loben. Er sagte, es sei dies das einzige Mittel gewesen, uns zu retten.

Es war noch ziemlich früh am Tage, als wir beim Schiff ankamen. Wir machten uns alle sogleich ans Werk und in einer Stunde lagen schon vier in dem Nachen. Einige der

Sklaven mussten sie ans Land rudern um sie dort zu verscharren. Sie erzählten, als sie zurückkamen, die Toten haben ihnen die Mühe des Begrabens erspart, indem sie, so wie man sie auf die Erde gelegt habe, in Staub zerfallen seien. Wir fuhren fort die Toten abzusägen, und bis vor Abend waren alle ans Land gebracht. Es war endlich keiner mehr an Bord als der, welcher am Mast angenagelt war. Umsonst suchten wir den Nagel aus dem Holz zu ziehen, keine Gewalt vermochte ihn, auch nur ein Haarbreit, zu verrücken. Ich wusste nicht, was anzufangen war, man konnte doch nicht den Mastbaum abhauen um ihn ans Land zu führen. Doch aus dieser Verlegenheit half Muley. Er ließ schnell einen Sklaven an Land rudern um einen Topf mit Erde zu bringen. Als dieser herbeigeholt war, sprach der Zauberer geheimnisvolle Worte darüber aus und schüttete die Erde auf das Haupt des Toten. Sogleich schlug dieser die Augen auf, holte tief Atem und die Wunde des Nagels in seiner Stirne fing an zu bluten. Wir zogen den Nagel jetzt leicht heraus und der Verwundete fiel einem Sklaven in die Arme.

„Wer hat mich hieher geführt?", sprach er, nachdem er sich ein wenig erholt zu haben schien. Muley zeigte auf mich und ich trat zu ihm. „Dank dir, unbekannter Fremdling, du hast mich von langen Qualen errettet. Seit fünfzig Jahren schifft mein Leib durch diese Wogen und mein Geist war verdammt, jede Nacht in ihn zurückzukehren. Aber jetzt hat mein Haupt die Erde berührt, und ich kann versöhnt zu meinen Vätern gehen." Ich bat ihn, uns doch zu sagen, wie er zu diesem schrecklichen Zustand gekommen sei, und er sprach: „Vor fünfzig Jahren war ich ein mächtiger, angesehener Mann und wohnte in Algier; die Sucht nach Gewinn trieb mich, ein Schiff auszurüsten und Seeraub zu treiben. Ich hatte dieses Geschäft schon einige Zeit fortgeführt, da nahm ich einmal auf Zante einen Derwisch an Bord, der umsonst reisen wollte. Ich und meine

Gesellen waren rohe Leute und achteten nicht auf die Heiligkeit des Mannes. vielmehr trieb ich mein Gespött mit ihm. Als er aber einst in heiligem Eifer mir meinen sündigen Lebenswandel verwiesen hatte, übermannte mich nachts in meiner Kajüte, als ich mit meinem Steuermann viel getrunken hatte, der Zorn. Wütend über das, was mir ein Derwisch gesagt hatte und was ich mir von keinem Sultan hätte sagen lassen, stürzte ich aufs Verdeck und stieß ihm meinen Dolch in die Brust. Sterbend verwünschte er mich und meine Mannschaft, nicht sterben und nicht leben zu können, bis wir unser Haupt auf die Erde legen. Der Derwisch starb und wir warfen ihn in die See und verlachten seine Drohungen; aber noch in derselben Nacht erfüllten sich seine Worte. Ein Teil meiner Mannschaft empörte sich gegen mich. Mit fürchterlicher Wut wurde gestritten, bis meine Anhänger unterlagen und ich an den Mast genagelt wurde. Aber auch die Empörer unterlagen ihren Wunden und bald war mein Schiff nur ein großes Grab. Auch mir brachen die Augen, mein Atem hielt an und ich meinte zu sterben. Aber es war nur eine Erstarrung, die mich gefesselt hielt; in der nächsten Nacht, zur nämlichen Stunde, da wir den Derwisch in die See geworfen, erwachte ich und alle meine Genossen, das Leben war zurückgekehrt, aber wir konnten nichts tun und sprechen, als was wir in jener Nacht gesprochen und getan hatten. So segeln wir seit fünfzig Jahren, können nicht leben, nicht sterben; denn wie konnten wir das Land erreichen. Mit toller Freude segelten wir allemal mit vollen Segeln in den Sturm, weil wir hofften, endlich an einer Klippe zu zerschellen und das müde Haupt, auf dem Grund des Meeres, zur Ruhe zu legen. Es ist uns nicht gelungen. Jetzt aber werde ich sterben. Noch einmal meinen Dank, unbekannter Retter, wenn Schätze dich lohnen können, so nimm mein Schiff, als Zeichen meiner Dankbarkeit."

Der Capitano ließ sein Haupt sinken, als er soeben

gesprochen hatte, und verschied. Sogleich zerfiel er auch, wie seine Gefährten, in Staub. Wir sammelten diesen in ein Kästchen und begruben ihn am Lande; aus der Stadt nahm ich aber Arbeiter, die mir mein Schiff in guten Zustand setzten. Nachdem ich die Waren, die ich an Bord hatte, gegen andere mit großem Gewinn eingetauscht hatte, mietete ich Matrosen, beschenkte meinen Freund Muley reichlich und schiffte mich nach meinem Vaterland ein. Ich machte aber einen Umweg, indem ich an vielen Inseln und Ländern landete und meine Waren zu Markt brachte. Der Prophet segnete mein Unternehmen. Nach dreiviertel Jahren lief ich noch einmal so reich, als mich der sterbende Kapitän gemacht hatte, in Balsora ein. Meine Mitbürger waren erstaunt über meine Reichtümer und mein Glück und glaubten nicht anders, als ich habe das Diamantental des berühmten Reisenden Sindbad gefunden. Ich ließ sie auf ihrem Glauben, von nun an aber mussten die jungen Leute von Balsora, wenn sie kaum achtzehn Jahre alt waren, in die Welt hinaus, um gleich mir ihr Glück zu machen. Ich aber lebte ruhig und im Frieden, und alle fünf Jahre machte ich eine Reise nach Mekka, um dem Herrn, an heiliger Stätte, für seinen Segen zu danken, und für den Capitano und seine Leute zu bitten, dass er sie in sein Paradies aufnehme.

Bei jeder Rast erzählt dann ein anderer Kaufmann eine Geschichte: „Die Geschichte von der abgehauenen Hand“, „Die Errettung Fatmes“, „Die Geschichte vom kleinen Muck“ und „Das Märchen vom falschen Prinzen“.

Ludek Pesek: Darüber, wie sich ein Baske auf eine kurze Seefahrt begibt

Plan zu einer Geschichte, die nicht geschrieben wurde

17. Jahrhundert

Kurz vor seiner Hochzeit lässt sich ein junger Harpunenwerfer namens XY heimlich auf ein holländisches Schiff anwerben (was bei Todesstrafe verboten ist), um seine Braut mit dem hohen Lohn zu überraschen. Der Vertrag ist nur für kurze Zeit vereinbart. Bei einem Gefecht zwischen einem englischen, einem spanischen und einem holländischen Schiff wird XY von den Spaniern gefangen genommen. Nach abenteuerlicher Flucht aus der Gefangenschaft wird er von einem englischen Schiff gerettet. Das Schiff bringt ihn nach Spitzbergen, wo sich das Walfänger-Hauptlager befindet. Von der Sehnsucht getrieben, nach Hause zurückzukehren, flieht XY auf ein holländisches Schiff. Dort wird er als englischer Spion betrachtet und beinahe aufgehängt. Das holländische Schiff wird jedoch von einem englischen Schiff aufgebracht. XY gibt sich als Engländer aus, wird aber als verdächtig eingesperrt. Das Schiff geht in Archangelsk vor Anker, wo der lästige Gefangene ausgeliefert wird. XY verbringt dort mehr als ein Jahr in Sklaverei, bis es ihm gelingt, als Harpunenwerfer auf ein englisches Schiff zu gelangen. Anstatt nach England fährt dieses Schiff jedoch über den Nordatlantischen Ozean bis zu den Ufern Amerikas. XY braucht noch mehrere Jahre, bis er in sein baskisches Heimatdorf zurückfindet, gerade einen Tag nach der Hochzeit seiner ehemaligen Braut.

Zu den Autoren

Marion Dane Bauer, amerikanische Kinder- und Jugendbuchautorin, veröffentlichte bisher fünf Bücher, in denen sie es verstanden hat, psychologische Grundsituationen für Kinder verständlich und mit Spannung darzustellen. Sie war Journalistin und ist Mutter von zwei Kindern.

Barbara Frischmuth, 1941 in Altausee (Österreich) geboren, studierte Orientalistik, Türkisch und Ungarisch. Sie lebt heute in Wien als freie Schriftstellerin und Übersetzerin.

Wilhelm Hauff, 1802 in Stuttgart geboren, Studium der Theologie am Tübinger Stift, 1824 Hauslehrer, 1826 ging er für einige Zeit nach Paris, starb aber schon 1827, kurz nachdem ihm der damals berühmte Verlag Cotta die Stelle eines Redakteurs am „Morgenblatt für gebildete Stände" übertragen hatte. Neben seinen Gedichten und Novellen sind die drei großen Märchensammlungen „Die Karawane", „Das Wirtshaus im Spessart" und „Der Scheich von Alexandria" besonders bekannt. „Kalif Storch", „Zwerg Nase", „Der kleine Muck", wer kennt sie nicht?

Kurt Held wurde am 4. 11. 1897 in Jena geboren. Er war verheiratet mit der bekannten Kinderbuchautorin Lisa Tetzner (u. a. „Die Kinder aus Nr. 67"). Sein Hauptwerk ist „Die rote Zora". Er starb am 9. 11. 1959.

Kurt Lütgen, einer der bekanntesten Autoren moderner Abenteuer, wurde am 25. 11. 1911 in Glietzig (Pommern) geboren, studierte Geschichte und Philosophie und arbeitete dann als Buchhändler und Journalist. Erst nach Kriegsende begann er als freier Schriftsteller zu arbeiten.

Seine Abenteuerbücher, auch „Kein Winter für Wölfe", für das er 1955 mit dem „Deutschen Jugendbuchpreis" ausgezeichnet wurde, sind meist auf umfangreiche Quellen und Faktenauswertung gestützt.

Hans Manz, 1931 im Zürcher Oberland geboren, Lehrer, Übersetzer, Drehbuchautor, Versemacher, Buchtexter. Er lebt in der Nähe von Zürich.

Reinhold Messner wurde 1944 in St. Peter bei Villnöß/Südtirol als Sohn eines Lehrers geboren. Am 16. Oktober 1986 gelang Messner die Besteigung des 8511 m hohen Lhotse in Nepal. Damit stand er als erster Mensch auf allen 14 Achttausendern der Welt.

Ludek Pesek wurde 1919 in Kladno (CSSR) geboren, ist auf dem Gebiet der Astronautik und Planetologie tätig und lebt in der Nähe von Zürich, wohin er bereits 1968 emigrierte. Für sein Buch „Die Erde ist nah – die Marsexpedition" erhielt er 1971 den Deutschen Jugendbuchpreis.

Liselotte Welskopf-Henrich wurde am 15. 9. 1901 in München geboren. Sie lebte in Ostberlin und war Professorin für Alte Geschichte an der Humboldt Universität. „Harka" ist der erste von 6 Bänden der Reihe „Die Söhne der großen Bärin" (1951-1967). Darin schildert sie kenntnisreich und einfühlsam den Leidensweg der nordamerikanischen Indianer.

Emil Zopfi wurde 1943 in Wald (Schweiz) geboren. Zunächst Fernmelde- und Elektronikmonteur, danach Studium der Elektrotechnik. Bevor er sich als Schriftsteller verschiedener Kinderbücher, Hörspiele und Fernsehspiele in Zürich niederließ, arbeitete er als Computerspezialist. Er erhielt 1984 den Schweizer Jugendbuchpreis.

Textquellenverzeichnis

S. 6: Hans Manz: Über die Grenzen. Aus: Am Montag fängt die Woche an. 2. Jahrbuch der Kinderliteratur. Hrsg. von H. J. Gelberg. Beltz & Gelberg, Weinheim 1977, S. 277-280

S. 11: Horst Heidtmann: Vorwort. Aus: Sindbads neue Abenteuer. Fremdengeschichten. Hrsg. von Horst Heidtmann. Signal Verlag, Baden-Baden 1984, S. 7/8

S. 14: Barbara Frischmuth: Pembes Geschichte. Aus: Sindbads neue Abenteuer, Fremdengeschichten, a.a.O., S. 9-16

S. 24: Reinhold Messner: Allein auf dem Mount Everest. Aus: Mein Weg. Bilanz eines Bergsteigers ohnegleichen. Goldmann, München 1982, S. 171, 182-186, 244/245

S. 32: Emil Zopfi: Der Computerdieb. Benziger Verlag, Zürich/Köln 1986, S. 5-13

S. 39: Kurt Held Die rote Zora und ihre Bande.© by Sauerländer Verlag, Aarau und Frankfurt/M. 1984, S. 52-67

S. 61: Marion Dane Bauer: Der Angst hat, bist doch du. Boje Verlag, Erlangen 1987, S. 26-38

S. 70: Liselotte Welskopf-Henrich: Harka. Union Verlag, Stuttgart o.J., S. 218-232

S. 86: Kurt Lütgen: Eine Eisscholle namens „Zuflucht". Aus: Kurt Lütgen: Kein Winter für Wölfe. Arena Verlag, Würzburg ^{10}1980, S. 68, 88-96

S. 94: Wilhelm Hauff: Die Geschichte von dem Gespensterschiff. Aus: Wilhelm Hauff: Sämtliche Märchen. Hrsg. von Hans-Heino Ewers. Reclam, Stuttgart 1986, S. 28-39

S. 108: Ludek Pesek: Darüber, wie sich ein Baske auf eine kurze Seefahrt begibt (aus dem Tschechischen). Aus: Geh und spiel mit dem Riesen. 1. Jahrbuch der Kinderliteratur, Hrsg. von H.-J. Gelberg. Beltz & Gelberg, Weinheim 1971, S. 74

Folgende Jugendbücher (und Anthologien) eignen sich besonders für die Lektüre auf der Orientierungsstufe (Kl. 5/6):

(Die Lehrerkommentare hierzu sind in Klettbuch-Nummer 261344 enthalten.)

Märchenreise durch Europa
Text und Materialien, bearbeitet von Barbara Stamer
Klettbuch 26121
Vier motiv- und stoffähnliche Märchengruppen aus Deutschland – Griechenland – Frankreich – bzw. Italien und der Türkei machen deutlich, wie variantenreich die entsprechenden deutschen Märchen der Brüder Grimm hier anders und neu erzählt werden.

Enid Blyton: 5 Freunde und das Burgverlies
Text und Materialien, bearbeitet von Dagmar Grenz
Klettbuch 26061

Daniel Defoe: Robinson Crusoe
Text und Materialien, bearbeitet von Rainer Siegle
Klettbuch 26065

Häuptling Büffelkind erzählt sein Leben (gekürzt)
Text und Materialien, bearbeitet von Rainer Siegle
Klettbuch 26066

Lisa Tetzner: Der Fußball
aus „Die Kinder aus Nr. 67"
Text und Materialien, bearbeitet von Jutta Grützmacher
Klettbuch 26082

Ursula Wölfel: Joschis Garten
Text und Materialien, bearbeitet von Jürgen Wolff
Klettbuch 26116